Generis

PUBLISHING

Cloud computing et sécurité: une approche systémique des vulnérabilités pour une gestion des risques d'hébergement

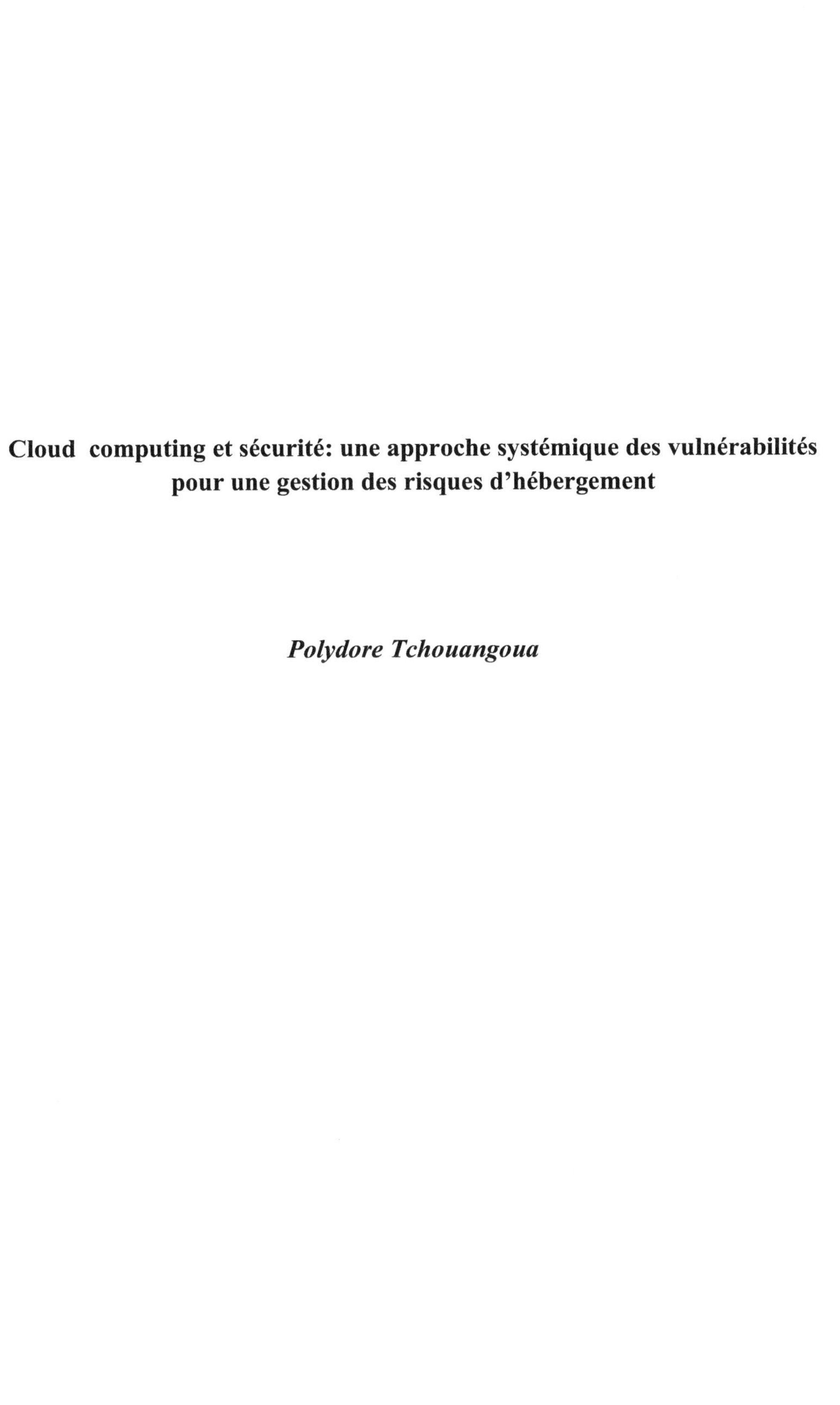

Polydore Tchouangoua

CIP a Camerei Naţionale a Cărţii

Tchouangoua, Polydore.

Cloud computing et sécurité: une approche systémique des vulnérabilités pour une gestion des risques d'hébergement / Polydore Tchouangoua. – Chişinău : Generis Publishing, 2020 (Print on demand). – 79 p. : fig., tab.

Referinţe bibliogr.: p. 78-79 şi în subsol.

ISBN 978-9975-3429-3-3.

004.4

T 32

Cover Image: www.pixabay.com
Online orders: www.generis-publishing.com
Orders by email: info@generis-publishing.com

Résumé

Le Cloud computing est un concept qui permet de disperser un système d'information sur des infrastructures prises en charge par un ou plusieurs prestataires. La localisation géographique de ces ressources virtuellement illimitées n'est plus utile.

Les objectifs ciblés par ce concept sont un passage à l'échelle infini, une accessibilité quasi instantanée, une sécurité et stabilité des services et des données. La perception de Cloud computing diffère selon que l'on soit utilisateur simple ou entreprise et permet ainsi de distinguer le Cloud privé ou privatif, le Cloud public et le Cloud hybride. L'organisation du Cloud computing en couche permet de séparer les différents domaines de compétences. Six couches sont identifiées dans le modèle Cloud : client, services, applications, plate-forme, stockage et infrastructure.

La proposition des ressources informatiques stratégiques sous forme de simple service en ligne dans le Cloud computing permet aux entreprises d'optimiser l'utilisation de leurs ressources et d'améliorer leur compétitivité. Ce qui se traduit par les facteurs de changement : espace numérique, écologie, socialisation et économie. Plusieurs facteurs expliquent la maturité et l'émergence du Cloud computing. Malgré les avantages que ce modèle fournit aux entreprises, ce sont les principes de base de la sécurité qui suscitent les interrogations pour l'hébergement de toutes ou parties de leurs ressources.

Mots – clés : Cloud Computing, ressources informatiques, couches, sécurité, hébergement.

SOMMAIRE

RESUME   5

LISTE DES TABLEAUX   10

LISTE DE FIGURES   10

REMERCIEMENTS   11

INTRODUCTION   15

PROBLEMATIQUE   16

BUT ET OBJECTIFS   17

METHODOLOGIE   17

CHAPITRE I : CLOUD COMPUTING: PRINCIPES, ETAT DE L'ART   19

   1. PRINCIPES ET ETAT DE L'ART   19

   2. CONCEPTS ET DEFINITIONS DU CLOUD COMPUTING   20

     2.1 - Infrastructure as a service (IaaS)   22

     2.2 - Plateforme as a service (PaaS)   23

     2.3 - Software as a Service (SaaS)   23

   3. TYPES DE CLOUD COMPUTING   24

   4. INTERET POUR LES SERVICES DE CLOUD COMPUTING   24

     4.1 - Stockage   25

     4.2 - Logiciels   25

   5. ACTEURS DU MARCHE DU CLOUD COMPUTING   26

     5.1 - Quelques acteurs issus du web   26

     5.2 - Quelques acteurs IT historiques   27

   CONCLUSION   27

CHAPITRE II : CLOUD COMPUTING ET MODELE EN COUCHE   29

   1. ARCHITECTURE CLOUD COMPUTING   29

     1.1 - Cloud privé ou privatif   30

     1.2 - Cloud public   30

     1.3 - Cloud hybride   30

   2. NOTION DE SERVICES   30

     2.1 - Service accessoire   31

     2.2 - Service de commodité   31

     2.3 - Service métier   31

   3. LES COUCHES DU MODELE « CLOUD »   31

3.1 - Client   31

3.2 - Services   32

3.3 - Applications   32

3.4 - Plate-forme   32

3.5 - Stockage   32

3.6 - Infrastructure   32

CONCLUSION   34

CHAPITRE III : CLOUD COMPUTING ET APPROCHE ECONOMIQUE   36

1. FACTEURS DE CHANGEMENTS   36

    1.1 - Espace numérique   38

    1.2 - Écologie   38

    1.3 - Socialisation   38

    1.4 - Économie   38

2. POINT DE VUE DES ACTEURS DE L'ENTREPRISE   39

    2.1 - Point de vue des décideurs   39

    2.2 - Point de vue des utilisateurs   39

    2.3 - Point de vue des informaticiens   39

3. AVANTAGES DU CLOUD COMPUTING   39

    3.1 - Bénéfices pour l'entreprise utilisatrice   39

    3.2 - Bénéfices pour les utilisateurs   40

    3.3 - Bénéfices pour les DSI   41

4. LIMITES DU CLOUD COMPUTING   42

    4.1 - Risques encourus   42

    4.2 - Craintes des utilisateurs   43

    4.3 - Craintes des DSI   43

5. AUTRES BENEFICES POUR LES ENTREPRISES?   44

    4.1 - Stratégiques   44

    4.2 - Economiques   44

    4.3 - Techniques   44

CONCLUSION   44

CHAPITRE IV : CLOUD COMPUTING ET RISQUES DE SECURITE   46

1. PERCEPTION DE LA SECURITE DANS LE CLOUD   46

2. LES RISQUES   47

    2.1 - Notion de risque   47

    2.2 - Facteurs de risque du Cloud   48

    2.2.1 - Facteurs endogènes   49

2.2.2 - Facteurs exogènes   51

3. LA SECURITE   52

3.1 - Notion de sécurité   52

3.2 - Bonnes pratiques de la gestion de sécurité des SI   52

3.3 - Sécurité du Cloud computing   53

3.4 - Risque de sécurité du Cloud computing   53

4. LES FAILLES DE SECURITE DU CLOUD COMPUTING   55

4.1 - Au niveau de l'infrastructure   56

4.2 - Au niveau de l'utilisateur   56

4.3 - Au niveau du Cloud   56

5. CLOUD COMPUTING ET INTELLIGENCE DU RISQUE   57

5.1 - Le traitement de l'information   57

5.2 - La sécurité   58

5.3 - L'influence   59

5.4 - Modélisation de la sécurité dans le Cloud computing   59

CONCLUSION   61

CHAPITRE V : HEBERGEMENT DANS LE CLOUD COMPUTING   63

1. ENJEUX POUR LES ENTREPRISES   63

2. L'ETAT DES LIEUX EN HEBERGEMENT   64

2.1 - Intérêt pour le l'hébergement et la virtualisation   64

2.2 - Les types d'hébergement   65

3. CONSIDERATIONS JURIDIQUES POUR L'HEBERGEMENT DANS LE CLOUD COMPUTING   65

3.1 - Sécurisation des données   66

3.2 - Sécurisation des coûts financiers   66

3.3 - Sécurisation de la vie privée   66

4. BESOINS POUR LE CLOUD COMPUTING   67

4.1 - Quelques critères   67

4.2 - Processus de prise de décision   68

CONCLUSION   69

CONCLUSION GENERALE   71

ANNEXE   72

QUELQUES FOURNISSEURS DE XAAS   72

Salesforces.com (SaaS, PaaS)   72

Google (PaaS, SaaS)   73

Amazon (PaaS, SaaS, IaaS)   74

Zscaler (Security as a Service) 74

Websense (Security as a Service) 75

REFERENCES 78

Liste des tableaux

TABLEAU 1: LES ACTEURS DU CLOUD COMPUTING ISSUS DU WEB 26

TABLEAU 2: RECAPITULATIF DE QUELQUES OFFRES 27

TABLEAU 3 : MODELISATION DE LA SECURITE DANS LE CLOUD COMPUTING 60

TABLEAU 4 : TYPES D'HEBERGEMENT 65

TABLEAU 5 : GRILLE DE CRITERES 68

Liste de figures

FIGURE 1 : CONVERGENCE DE DEUX TENDANCES VERS LE « CLOUD COMPUTING »19

FIGURE 2 : CONCEPTS SaaS ET PaaS DU CONCEPT CLOUD . 21

FIGURE 3: MODELE PYRAMIDAL IaaS, PaaS ET SaaS 22

FIGURE 4 : ARCHITECTURE GLOBALE DU CLOUD 29

FIGURE 5 : LES COUCHES DU MODELE « CLOUD » 33

FIGURE 6 : LES COUCHES SERVICES DU CLOUD 34

FIGURE 7 : LES AVANTAGES DES PRESTATIONS « CLOUD » 36

FIGURE 8 : HYPE CYCLE FOR EMERGING TECHNOLOGIES 37

FIGURE 9 : DEFIS ET ENJEUX DU MODELE A LA DEMANDE 47

FIGURE 10 : DEMARCHE CANONIQUE D'APPRECIATION DU RISQUE 48

FIGURE 11 : PROCESSUS DE PRISE DE DECISION 68

Remerciements

Je tiens à remercier Sara GALLIRIANI et Christophe DEJOIE qui m'ont permis d'intégrer la Division Systèmes d'Information du Groupe LEGRAND et m'ont fourni le cadre de ce travail.

Je tiens aussi à exprimer ma reconnaissance envers toute l'équipe DSI – Etudes que j'ai côtoyée et qui m'a permis de réaliser mon projet. Plus précisément Didier GIBERT, Serge HILAIRE. Grâce à leur convivialité et à leur disponibilité, j'ai pu m'intégrer rapidement, et ainsi travailler dans de bonnes conditions.

Je remercie tout particulièrement Christophe DEJOIE, qui m'a guidé et qui a suivi mon travail au quotidien. Je lui suis très reconnaissant de la confiance qu'il m'a accordée en m'intégrant dans les projets liés à mon étude.

Je remercie bien évidemment tous les acteurs, connus ou inconnus du domaine du Cloud computing qui ont contribué à cet ouvrage en partageant leur savoir. Je n'oublierai pas Pierre – Louis VERGNAUD, qui m'a délibérément orienté dans la rédaction.

A Béa, ma très chère et tendre épouse

A mes chers enfants.

Ulrich,

Line Morelle,

Roscelin Clet

Carolina Divine

A ma Maman.

"Peut-être convient-il d'observer qu'avec un siècle de décalage, les progrès accomplis restent limités et les écoles d'ingénieurs, comme les facultés de sciences et techniques maintiennent une prudente réserve à l'égard de domaines vers lesquels un nombre toujours élevé de leurs diplômés se dirigeront pourtant un jour ou l'autre. "

Michel Weill

Introduction

Le Cloud computing est un concept récent qui permet de disperser un système d'information sur des infrastructures prises en charge par un ou plusieurs prestataires. La localisation géographique de ces ressources virtuellement illimitées n'est plus utile. Le Cloud computing permet ainsi de disposer de capacités de stockage et de puissance de calcul sans disposer matériellement de l'infrastructure correspondante. Il constitue donc une nouvelle forme d'informatique à la demande, à géométrie variable qui peut juridiquement être classée au croisement des services d'externalisation, de virtualisation - *de serveurs, du stockage, des réseaux* -, de gestion de ressources - *partage, surveillance et optimisation* - de gestion d'applications, d'accès et de l'automation - *self-service, contrôle et gestion des règles, administration des portails* [Alain Chaptal, 2010]. Les trois objectifs ciblés par cette approche sont un passage à l'échelle infini, une accessibilité quasi instantanée, une sécurité et une stabilité des services et des données.

Au-delà de ces capacités d'abstraction – *virtualisation, nuage* - et du paradigme des "*services*", il s'agit d'une remise en cause profonde des principes de base de l'organisation des systèmes d'information traditionnels, de la façon dont les logiciels sont développés et hébergés, et donc du modèle de sécurité qui sous-tend leur utilisation. Dans son rapport d'enquête effectué en 2009 sur principales préoccupations des entreprises quand au passage de l'informatique au Cloud computing, Jiles Hogben, expert à l'ENISA[1] affirme que le premier problème qui retient de nombreuses personnes est la sécurité « *comment être sûr de la fiabilité de ce service et faire confiance au fournisseur de service en lui confiant mes données et même dans certains cas, la totalité de l'infrastructure de mon entreprise* ».

---

[1] European Network and Information Security Agency

Problématique

La présente étude cherche à montrer que l'externalisation dans les nuages permet à l'entreprise de se concentrer sur son cœur de métier tout en optimisant l'utilisation de ses ressources ; mais en se rendant également dépendante d'un tiers, ceci peut entraîner de lourdes pertes en cas de défaillance du tiers. De plus, les freins au développement du Cloud peuvent résider dans le manque de confiance qu'ont les entreprises clientes en matière de sécurité dans le Cloud.

Ce travail est le fruit de la réflexion menée au cours de la mission sur le « **portail captif** » pour le compte d'une grande entreprise française spécialisée dans l'électronique et l'électrotechnique du bâtiment. En effet, notre solution a mis en évidence deux types de profils : **interne** pour les employés permanents à l'entreprise et **externe** pour les invités.

Le profil interne quant à lui est subdivisé en deux sous profils à savoir : **interne dans le LAN** pour les employés qui ont accès aux ressources étant connectés à leur poste de travail au bureau et, **interne hors du LAN** pour ceux des employés nomades ou utilisant des Smartphones, le plus souvent constitués des commerciaux et des responsables (VIP).

Comme pré-requis à la solution du portail captif, la page doit être hébergée sur Internet. La réponse à la question *comment héberger cette page sur Internet tout en respectant les contraintes de sécurité* nous a conduit au **Cloud computing** qui est présenté dans cet ouvrage.

But et Objectifs

Le but de cette étude est de montrer que le Cloud Computing est une étape importante vers l'optimisation globale des ressources des systèmes d'information qui, en vertu de leur criticité dans l'entreprise d'aujourd'hui, sont une des clés majeures de son bon fonctionnement.

L'objectif général cherche à montrer d'une part que l'engagement vers ce type de solutions notamment pour ce qui est de l'hébergement se doit d'être mesuré tant que l'informatique dans les nuages n'est pas totalement standardisée, rationalisée et sécurisée. D'autre part, le parcours vers le Cloud Computing peut être semé d'embuches et il est impératif d'étudier toutes les conditions de ce type d'offre (évolutivité, sécurité, pérennité, prix…) en particulier pour les applications critiques.

Les objectifs spécifiques de cette étude consistent à :

✓ estimer les risques globaux de sécurité pour les systèmes d'information d'entreprises;

✓ estimer les risques spécifiques selon les modèles de cloud ;

✓ identifier les facteurs liés au développement du cloud :

o la réduction de la sous utilisation des ressources ;

o le dimensionnement d'une infrastructure dédiée ;

o la révision à la baisse des coûts;

o la baisse de la consommation et la standardisation des infrastructures ;

✓ déterminer les besoins actuels et futurs en hébergement d'infrastructures et d'applications, l'intérêt pour la virtualisation et le Cloud, les domaines concernés et les enjeux associés.

Méthodologie

Nous présentons dans ce travail le Cloud dans un contexte de l'intelligence économique et stratégique. Nous mettons en évidence son caractère systémique comme base d'une analyse globale de la vulnérabilité du Cloud pour l'entreprise. Nous posons enfin les bases d'une solution d'hébergement destinées aux entreprises. Les questions de gestion de la conformité et des risques, de gestion des identités et des accès, d'intégrité des services et des points de terminaison, ainsi que de la protection des informations selon Roger Halbheer et al, 2010[2], doivent être étudiées lors de l'évaluation, de l'implémentation, de la gestion et de la maintenance des solutions de "Cloud computing"

Trois défis doivent être considérés :

Le premier vient du Cloud de type public : les hackers seront attirés par les Cloud comme nouveau challenge, possibilité de panne massive ou de défaillance des disques, problèmes de droits d'accès dans le cas de Cloud hébergés dans un autre pays.

Le second réside dans la virtualisation : le Cloud privé qui reste dans le périmètre de l'entreprise bénéficie de la sécurité déjà mise en place pour l'infrastructure. Seule la partie virtuelle représente encore un enjeu. La sécurité en place n'est pas suffisante pour les machines virtuelles, il faut donc se concentrer sur cet aspect en priorité [Yves Le Roux et Arnaud Gallut, 2010].

Le troisième défi concerne les garanties que les prestataires offrant le Cloud devront fournir. Dans son compte-rendu sur le thème « Cloud et sécurité », [Cloud Academy, 2010] affirme que, même si certains enjeux seront communs : contrôles d'accès (qui a accès à quoi et comment ?), la sécurité de Cloud ne sera pas la même selon le type. Il va plus loin en mentionnant que l'effort viendra de l'industrie qui offre le Cloud car « les entreprises ne voudront pas de petites promesses ni de déclarations d'intentions, mais de vraies garanties ». Il est alors nécessaire que des contrats clairs, et des réponses adaptées, sous forme de meilleures pratiques ou de solutions ad-hoc émergent.

Nous tenons enfin à préciser que notre recherche dans le domaine de Cloud et de la sécurité ne fait que débuter. Aussi, nous serions gré au lecteur de bien vouloir considérer avec indulgence cette contribution encore très modeste, en particulier pour ce qui concerne la classification des risques qui mérite d'être enrichie.

---

[2] Roger Halbheer, conseiller en chef pour la sécurité, secteur public, EMEA
Doug Cavit, conseiller principal pour la stratégie de sécurité, Trustworthy Computing, États-Unis

Chapitre I : Cloud computing: principes, état de l'art

1. Principes et état de l'art

L'avènement du Cloud computing peut s'expliquer aujourd'hui avec l'apparition de la virtualisation, de l'infogérance et de l'externalisation - *dans les années 80 -*, avec la démocratisation de l'informatique - *dans les années 90* - ainsi qu'avec le développement des réseaux à haut débit, la généralisation d'Internet, la location d'application, le paiement à l'usage et la quête sociétale de mobilité de cette dernière décennie (figure 1).

Le Cloud computing est donc un concept récent qui permet de disperser un système d'information sur des infrastructures prises en charge par un ou plusieurs prestataires possédant des ressources virtuellement illimitées. Il permet de disposer de capacités de stockage et de puissance de calcul sans disposer matériellement de l'infrastructure correspondante. Il constitue ainsi une nouvelle forme d'informatique à la demande, à géométrie variable qui peut juridiquement être classée au croisement des services d'externalisation, de virtualisation - *de serveurs, du stockage, des réseaux -*, de gestion de ressources - *partage, surveillance et optimisation -*, de gestion d'applications, d'accès et de l'automation - *self-service, contrôle et gestion des règles, administration des portails* [Alain Chaptal, 2010]. Les trois objectifs ciblés par cette approche sont un passage à l'échelle infini, une accessibilité quasi instantanée et une sécurité, ainsi qu'une stabilité des services et des données.

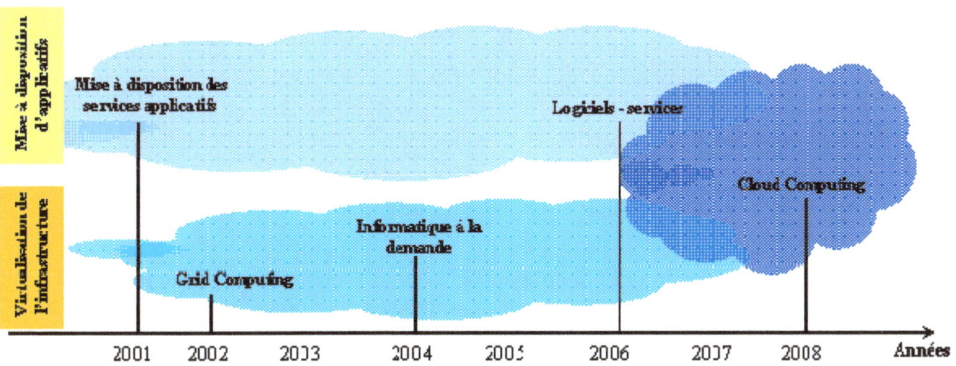

Figure 1 : Convergence de deux tendances vers le « Cloud computing »

2. Concepts et définitions du Cloud Computing

Le terme de Cloud Computing se traduit littéralement par « informatique en nuage ». Cerner cette terminologie, revient à comprendre les concepts qu'elle englobe.

Le Cloud computing est un concept de déportation sur des serveurs distants des traitements informatiques traditionnellement localisés sur le poste utilisateur [Wikipédia, 2010].

Le Cloud computing est un nouveau style dans l'informatique où des fonctionnalités TIC, massivement évolutives et flexibles, sont fournies comme des « services » à travers les technologies Internet à travers les « nuages » de serveurs vers une multitude d'utilisateurs externes [AWT[3]].

De ces définitions, le Cloud pour certains est une simple déportation de la charge de travail des clients lourds vers des serveurs centralisés (figure 2) alors que pour d'autres il se résume à la mise en chaîne, bout à bout des notions « software » comme un service et l'hébergement externalisé. Il fournir donc un ensemble d'applications sans utiliser la mémoire, la puissance de calcul et la capacité de stockage d'un seul serveur. Le visiteur qui se connecte sur le site du client des services de Cloud , utilise les applications qui lui sont proposées pour éventuellement stocker des données personnelles sur des serveurs distants[4], sans avoir conscience qu'il accède à des machines différentes (virtuelles ou non) et de façon indirecte.

---

[3] Agence Wallonne des Télécommunications dont la mission fondamentale est de promouvoir l'accès universel aux technologies de l'information et de la communication et d'inciter à l'usage généralisé de celles-ci.

[4] En effet, cette terminologie se fonde sur Internet qui est un réseau complexe et difficile à appréhender car constitué de millions de connexions utilisant des technologies très disparates (fibre optique, câble, ADSL,..). Le réseau repose sur un maillage mondial, avec de nombreuses redondances qui permettent à une requête de changer de chemin si une partie du réseau est inopérante ou congestionnée. Enfin, Internet est géré par des milliers d'organisations publiques et privées différentes.

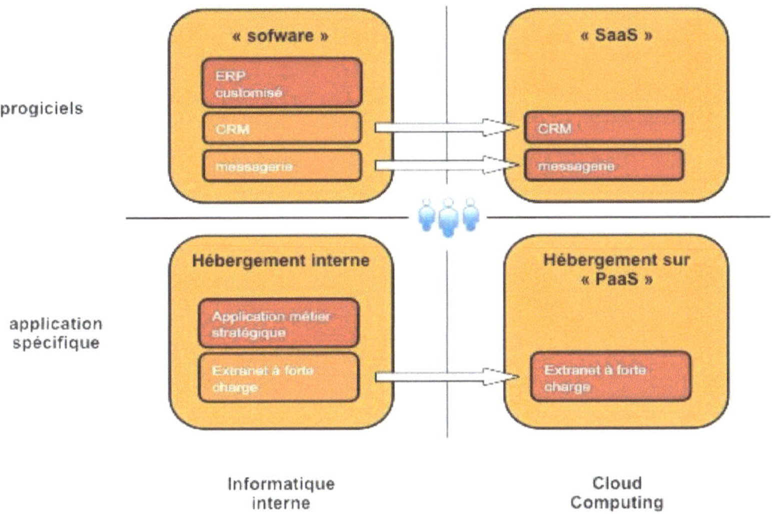

Source : François Tonic, 2009

Figure 2 : Concepts SaaS et PaaS du concept Cloud .

Au delà de ces capacités d'abstraction (nuages ou internet), le paradigme des « services» introduit la notion d'accès aux ressources proposées par le Cloud computing. On peut distinguer trois grandes catégories de services dont:

- l'Infrastructure as a service (IaaS), une plateforme de virtualisation ;

- la Platform as a service (PaaS), pour faciliter le déploiement d'applications ;

- le Software as a service (SaaS), permettant l'accès à des applications sur le web.

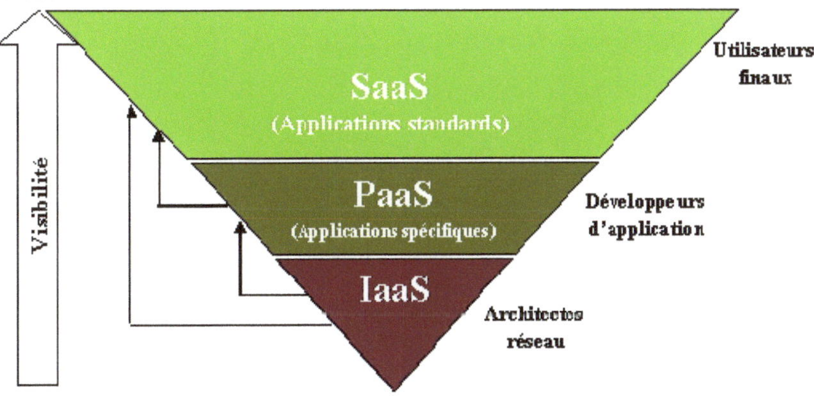

Figure 3: Modèle pyramidal IaaS, PaaS et SaaS

On retrouve aussi le SaaS sous l'appellation de « Security as a Service » qui constitue une offre de protection du réseau, de l'environnement web, de la messagerie électronique et des postes clients contre les vulnérabilités. Parmi ces offres, nous pouvons citer : McAfee Security SaaS, Panda Security Cloud Protection, Symantec Hosted Services, Zscaler[5] Cloud Services, Websense.

2.1 - Infrastructure as a service (IaaS)[6]

Le composant IaaS permet l'accès complet à la ressource et sans restriction, équivalent de fait à la mise à disposition d'une infrastructure physique réelle. Les clients louent ces ressources comme un service externalisé et généralement facturé à la ressource consommée [Moulay, 2010], plutôt que d'acheter des serveurs, des logiciels, des centres de données ou de l'équipement de réseau. Le service est alors tarifé en fonction de l'utilisation et de la quantité de ressources consommées. Le coût reflète typiquement le niveau d'activité de chaque client, ce qui lui permet de se différencier des anciens modes de fonctionnement :

- **Hébergement mutualisé** : une machine pour plusieurs clients, gérée par un prestataire de service et dont les clients payent le même prix peu importe leur utilisation.

- **Hébergement dédié** : une machine par client, gérée le plus souvent par le client lui même et pour laquelle le client paye le même prix chaque mois peu importe son utilisation.

En exemple :

Amazon EC2   http://aws.amazon.com

GoGrid   http://www.gogrid.com

Sun Grid   http://www.sun.com/software/sge

---

[5] Zscaler est une start-up américaine créée en 2006. Spécialiste du filtrage des flux web sortants. Sa solution permet le filtrage par antivirus, mais apporte aussi le contrôle des flux et une vision centralisée pour l'entreprise des contrôles d'accès de chaque utilisateur.

[6] IaaS (Infrastructure as a Service) concerne les serveurs, les moyens de stockage, le réseau. Le modèle IaaS permet de pouvoir disposer d'une infrastructure informatique hébergée.

2.2 - Plateforme as a service (PaaS)[7]

Le modèle PaaS consiste à mettre à disposition un environnement prêt à l'emploi, fonctionnel et performant, y compris en production; l'infrastructure hébergée étant totalement transparente [Audin, 2009], pour fournir non seulement un environnement d'exécution déporté, mais aussi un ensemble de services d'infrastructure (IaaS). Nous pouvons citer comme exemple:

Force.com	http://www.salesforce.com/platform
Google App Engine	http://appengine.google.com
Azure Services Platform	http://www.microsoft.com/azure

2.3 - Software as a Service (SaaS)[8]

Il s'agit d'un logiciel fourni sous la forme de service accessible via internet et non sous la forme de programme informatique (à installer sur une machine). Le modèle SaaS permet de déporter une application chez un tiers. Le terme SaaS évoque bien un service dans le sens où le fournisseur vend une fonction opérationnelle, et non des composants techniques requérant une compétence informatique pour l'utilisateur. Il faut remarquer que les SaaS sont exécutés sur des plateformes conçues pour une utilisation simultanée par un grand nombre de collaborateurs qui travaillent dans de nombreuses entreprises différentes. Ces plateformes sont mises à disposition par des acteurs (comme Google ou Salesforce.com) [Moulay, 2010]

De façon similaire au système d'informations situé en entreprise, le Cloud Computing propose des logiciels (mis à disposition des utilisateurs), reposant sur des plateformes (langages et Framework de programmation, stockage de données, middlewares de communication, serveurs d'intégration, annuaires etc.) et mettant en œuvre des infrastructures techniques (matériels, réseau, disques, OS etc.). Citons dans ce cadre :

---

[7] PaaS (Platform as a Service) quant à lui concerne les environnements middleware, de développement, de test. Il désigne une plateforme d'exécution hébergée par un opérateur et accédée depuis Internet. Cette plateforme peut être utilisée pour exécuter des SaaS, et peut aussi être mise à la disposition des entreprises qui souhaitent faire héberger leurs applications issues de développements spécifiques.

[8] SaaS (Software as a Service) concerne les applications d'entreprise: CRM, outils collaboratifs, messagerie, BI, ERP. Ce modèle convient à certaines catégories d'applications qui se doivent d'être globalement identiques pour tout le monde, la standardisation étant un des principes du cloud.

CRM *Salesforce.com*	http://www.salesforce.com
Google Docs	http://docs.google.com
Adobe Photoshop Express Online	http://www.photoshop.com/express

Malgré ce que l'on pourrait penser, le Cloud computing ne se résume pas à ces termes. Il est plus une philosophie et une méthode informatique qu'une architecture ou une norme bien définie. Cette recherche nous a permis de constater qu'il existait au moins une trentaine d'acronymes avec pour suffixe en –AAS plus ou moins utilisés selon les cas et selon la complexité technique. Nous utiliserons singulièrement dans cet ouvrage IaaS, SaaS, PaaS.

3. Types de Cloud computing

La perception du Cloud computing diffère selon que l'on est utilisateur simple ou entreprise. Les utilisateurs (grand public) pensent que ce dernier fait référence globalement et sans autre précision à Internet, ce qui n'est pas le cas pour les entreprises [Jean Mounet, 2010]. En effet, plusieurs modèles coexistent au sein du Cloud. Il s'agit du modèle privé ou privatif, public et hybride.

4. Intérêt pour les services de Cloud computing

Le Cloud permet une grande évolutivité. Il offre aux applications déjà disponibles une flexibilité pour ajouter des machines, pour une plus grande réactivité ou pour fournir des applications supplémentaires en réduisant les coûts[9].

La centralisation de données également rend facile leur protection et augmente ainsi leur sécurité, bien que le client en perde le contrôle. Seul le système accueillant une application est mis en danger en cas d'une faille d'application.

Le Cloud accroît aussi l'accessibilité. En effet, les données et application étant hébergées et sauvegardées sur des machines distantes, on peut y accéder de manière permanente de n'importe quel endroit et être assuré de leur pérennité [Audin, 2009].

---

9 Salesforce.com permet une réduction de coût en disposant de près de 1000 serveurs pour gérer plusieurs dizaines de milliers d'entreprises. Lorsqu'il est fait avec des machines virtuelles, une rentabilité de l'utilisation des ressources est ainsi accrue (plus de 10 à 20% des ressources) [Audin, 2009].

Enfin, le Cloud peut reposer entièrement sur des technologies libres comme par exemple:

- Xen ou KVM pour les machines virtuelles ;
- Système GNU/Linux pour les OS (Debian) ;
- Serveur web libre (Apache) ;
- Serveur d'applications libre (Framework dépendant du langage utilisé) ;
- Base de données MySQL;
- Firefox comme explorateur.

Le Cloud peut être divisé en deux catégories bien distinctes :

4.1 - Stockage

Les données du client sont sauvegardées sur plusieurs serveurs, par exemple Amazon Simple Storage Service (ou Amazon S3). Cette catégorie offre de possibilités d'accès et d'exécution aux applications stockées sur les serveurs. Il est semblable au système de fichier partagé de type AFS[10], accessible depuis son explorateur Internet.

4.2 - Logiciels

Le Cloud peut être assimilé au SaaS lorsque le fournisseur de logiciel n'est pas propriétaire du matériel. Dans ce cas, deux philosophies se côtoient : Amazon[11] qui vend du temps sur une machine virtuelle, avec ses offres Elastic Compute Cloud (Amazon EC2) et Simple Storage Service (S3) ; Microsoft Azure, avec Microsoft et Google App Engine[12] avec Google, proposent quant à eux l'utilisation de leurs langages et de leurs bibliothèques. Au-delà de la maintenance plus aisée, c'est la flexibilité qui est la moindre pour le client.

---

[10] Andrew File System ou AFS est un système d'archivage distribué inspiré de NFS, et crée à l'Université Carnegie Mellon. Son nom vient d'Andrew Carnegie et Andrew Mellon. Fonctionnalités : les différentes unités de stockage du réseau sont montées dans un répertoire commun, /afs par convention. Kerberos est utilisé pour le chiffrement et la sécurité. Un Système Access Control List (ACL) pour la gestion des autorisations. Les fichiers peuvent être mis en cache localement. Des copies en lecture seule peuvent être effectuées, ce qui augmente la persistance des fichiers de façon transparente pour l'utilisateur.

[11] Amazon est parti du constat selon lequel les commerçants en ligne avaient une capacité de stockage et de traitement supérieurs à leurs besoins qu'il fallait donc revendre.

[12] Google App Engine est une plateforme de conception et d'hébergement d'applications web basée sur les serveurs de Google. Le service Google App Engine vient concurrencer ceux d'Amazon nommé Amazon Web Services (AWS) et de Microsoft nommé Windows Azure. Ce sont des lots de services applicatifs qui permettent à une application web de stocker des données et d'exécuter du code sur leurs serveurs respectifs.

5. Acteurs du marché du Cloud computing

Ici il faut distinguer deux types d'acteurs en parfaites symbiose parmi lesquels les acteurs issus du Web, fort de leur expérience en environnement distribué et en répartition de charge et les acteurs IT historiques qui offre les services d'infrastructures.

5.1 - Quelques acteurs issus du web

Acteur	Offre	Commentaires
Amazon	- **Amazon S3** (Simple Storage Service) - **Amazon EC2** (Elastic Compute Cloud) - **Amazon EBS** (Elastic Block Store)	*Offre basée sur l'infrastructure informatique géante du site amazon.com (qui réalise ~$15 milliard de transactions annuelles)*
SalesForce.com	- **Force.com**, plateforme de Software As A Service (SaaS) ou Platform As A Service (PaaS)	*800 Applications et Outils CRM disponibles en cloud sur la plateforme. Cette société génère déjà plus d'1 milliard de $*
Google	- **Google App Engine** (hébergement de logiciels, stockage et traitement de données, authentification et messagerie)	*Gratuit, et va devenir Payant (en mai) à partir de différents seuils d'utilisation (consommation de CPU, volume de trafic de données sur le cloud, volumes d'emails, …)*
IBM	- **BlueHouse** (Mix de réseau social et d'applications collaboratives en ligne)	*Treize centres dédiés aux applications de traitement de données (datacenters) aux quatre coins du monde*
Microsoft	- **Microsoft Azure** (versions en mode SaaS des applications existantes : Exchange, SharePoint, Dynamics CRM, …)	*Premières sorties prévues aux Etats Unis au printemps 2009 Un partenariat récent avec SalesForces pour développer l'offre Azure*
SUN	Mise en place d'une division opérationnelle dédiée, en cours de définition d'une offre de technologie et de capacité Cloud.	*Une philosophie Open-Source et Java, un portfolio potentiel large jusqu'au matériel (serveurs Sun)*
Intel, Yahoo, HP	Pour l'instant cantonné à des applications de recherche, un partenariat qui vise à mettre en œuvre un cloud à très grande échelle (tests de logiciels, administration de data centers, matériels, etc.)	*Cloud sur une infrastructure à base des serveurs HP/Intel (1000 à 4000 processeurs) et de ChipSets d'Intel*
EMC	En cours de positionnement	*Série de rachat de technologies pour se positionner sur le Cloud*

Source : Philippe Bonny, 2009

Tableau 1: Les acteurs du Cloud computing issus du web

Offres	Acteurs				
	Amazon	*Google*	*Microsoft*	*Sun Oracle*	*Salesforce.com*
Plate forme stockage	Oui	Non	Non	Oui	**Non**
Plate forme BDD	Oui	Non	Oui	Oui	**Non**
Plate forme Serveur d'application	Oui	Oui	Oui	Oui	**Oui**
Plate forme Web	**Oui**	**Oui**	**Oui**	**Oui**	**Oui**

Tableau 2: Récapitulatif de quelques offres

5.2 - Quelques acteurs IT historiques

Parmi ces acteurs, on retrouve IBM qui, fort de son expertise en matière de Datacenters et d'environnements virtualisés a lancé en 2007 les grandes manœuvres dans le Cloud computing. Son initiative Blue Cloud , constitué de centres de données équipés de serveurs IBM sous Linux, embarquant Tivoli pour l'administration et capable de faire tourner des applications en colocation, notamment des bases de données.

Microsoft a présenté en octobre 2008 sa plate-forme Azure[13] qui permet de développer et déployer des applications serveur, accessibles par Internet, et capables d'interagir avec d'autres systèmes. En novembre 2008, les versions finalisées d'Exchange Online et SharePoint Online, voient le jour après 8 mois de bêta.

HP, Intel et Yahoo se sont alliés afin de mener des recherches et des développements en commun autour du concept de Cloud Computing bien que HP estime le Cloud comme une simple option de plus pour leurs services informatiques, à côté de la gestion en interne et de l'*outsourcing*.

---

[13] Azure est constitué d'un ensemble de services hébergés dans les Datacenters de Microsoft. Cela comprend notamment : Windows Azure (infrastructure de calcul, de stockage, de réseau...), SQL Services (base de données en ligne), Live Services (synchronisation de documents personnels), SharePoint services (collaboration et gestion de contenu). [*Sogeti 2009*]

Conclusion

Les offres de Cloud Computing sont limitées aux grands acteurs disposant des infrastructures réseaux. Ces acteurs sont capables de fournir une chaîne complète permettant à n'importe quelle entreprise de diffuser du contenu sur Internet.

Cependant, cette offre de services s'accroît significativement. En outre, son atomicité initiale a tendance à disparaître au profit de cinq principaux acteurs qui se partagent le marché. Selon IDC, d'ici à 2013, les investissements des clients dans les services de Cloud computing vont doubler par rapport à 2009. Ils se chiffreront à 44,2 milliards de dollars. A l'instar des nouvelles technologies, c'est l'offre de « services dans les nuages » qui a créée le besoin et présage un avenir meilleur avec une croissance à deux chiffres d'ici à l'horizon 2013. On peu alors interpréter cette convergence des offreurs, comme le symptôme d'un « *business model* » efficient, et donc de l'apparition d'une demande vis-à-vis de ce type de service.

Chapitre II : Cloud computing et modèle en couche

1. Architecture Cloud computing

Le terme Cloud computing est polysémique : il représente à la fois un concept, une fonction, un cadre d'action. Son champ couvre plusieurs domaines qui vont de l'information à la protection des ressources.

Son architecture type relie différents Datacenters entre eux et créent ainsi un réseau permettant d'avoir une ressource de stockage, de puissance de calcul et de bande pour le client ou l'utilisateur et en illimité (figure 4). La dématérialisation du serveur dit physique en est aussi un autre point fort de cette architecture. Un Datacenter fait partie intégrante du Cloud et apporte donc toutes les ressources et n'est plus vu (le Datacenters) en termes de milliers de machines.

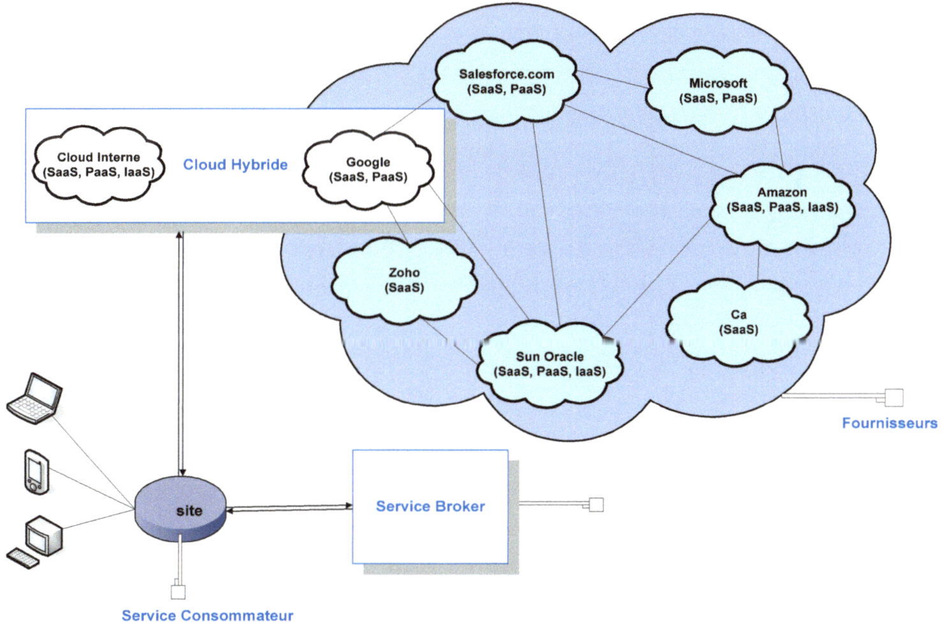

Figure 4 : Architecture globale du Cloud [14]

---

[14] Service Broker (Microsoft SQL Server 2005) permet aux développeurs d'élaborer des applications de base de données sûres et évolutives. Il comporte une infrastructure pour la programmation asynchrone destinée aux applications d'une base de données ou d'une instance unique, ainsi qu'aux applications distribuées.

De cette architecture, il ressort les différents types de Cloud que nous avons cités au chapitre précédent. Le Cloud computing aura de profondes répercussions sur l'infrastructure informatique de l'entreprise, comme le montre la figure 4. Cette transformation peut résulter de la mise en place d'un Cloud interne ou de l'utilisation de services de Cloud computing externes, ou des deux.

1.1 - Cloud privé ou privatif

Ce peut être un « nuage » interne à la DSI (propriétaire des infrastructures) ou d'un Cloud entièrement dédiée et accessible via des réseaux sécurisés, hébergé chez un tiers, mutualisé entre les différents entités d'une seule et même entreprise. Il est ouvert aux partenaires privilégiés de l'entreprise (fournisseurs, bureaux d'études, grands clients, institutions financières, prestataires etc.) ; voire à un groupement professionnel ou communautaire.

1.2 - Cloud public

Il est externe à l'organisation et accessible via Internet, géré par un prestataire externe propriétaire des infrastructures, avec des ressources partagées entre plusieurs sociétés.

1.3 - Cloud hybride

C'est une conjonction de deux ou plusieurs Cloud (public et privé) amenés à coopérer, à partager entre eux les applications et les données.

2. Notion de services

VIVANSA, 2009 dans son rapport de veille technologique définit un service comme une représentation logique d'une activité commerciale ou non, reproductible formée d'un résultat spécifique, autonome, pouvant se composer d'autres services sous la forme d'une «boîte noire» cachant son implémentation interne à ses consommateurs.

Autrement dit, un service est un ensemble de traitements qui transforment les données d'entrées en données de sortie (celles-ci pouvant être des données d'entrée pour d'autres services). La notion de service étant large, nous allons étendre ce concept pour catégoriser trois types de service tel que décrit Guillaume Plouin dans son ouvrage sur le Cloud computing et que nous pouvons regrouper en :

2.1 - Service accessoire

Un service est dit accessoire lorsqu'il définit les fonctionnalités non stratégiques qui peuvent venir enrichir une application telles que : l'affichage d'une carte de localisation de site ou de parcours d'un itinéraire ; l'ajout d'un moteur de recherche à son site ; l'affichage des prévisions météorologique ; collecte de flux d'information.

2.2 - Service de commodité

Un service est dit de commodité lorsqu'il offre à l'entreprise des fonctionnalités nécessaires pour son bon fonctionnement et la bonne communication entre collaborateurs: service de messagerie ; calendrier partagé ; partage de documents ; gestion des ressources humaines ; suivi clientèle ; etc. Un service de commodité peut être stratégique pour l'entreprise, mais la généricité de ces fonctions permet d'envisager le déport de son fonctionnement en dehors de l'entreprise.

2.3 - Service métier

Un service métier par contre constitue le cœur de fonctionnement de l'entreprise. Son fonctionnement est capital et les données traitées par de tels services peuvent requérir un niveau de sécurité et de confidentialité telle que son externalisation peut s'avérer contraignant, voire impossible.

Toutefois, l'externalisation de services métier est envisageable pour des entreprises qui ont pu rendre générique le comportement de leurs services ou pour lesquelles le niveau de sécurité du prestataire externe est considéré comme suffisant.

3. Les couches du modèle « Cloud »

L'organisation en couche permet de séparer les différents domaines de compétence et impose des abstractions à tous les niveaux. C'est ce qui justifie leurs fortes indépendances et chaque système est développé en prenant en compte des contraintes de plus haut et de plus bas niveau. Dans notre recherche, nous identifions six couches dans le modèle Cloud dont :

3.1 - Client

Il représente le logiciel permettant à un internaute de se connecter au Cloud . Généralement, un navigateur internet, mais d'autres moyens peuvent être utilisés suivant les services proposés par l'hébergeur ou par l'acheteur du service de Cloud

. Les exemples les plus connus sont les logiciels d'appel sur Internet à l'instar de Skype, Gmail, Windows Live Messenger.

3.2 - Services

Cette couche regroupe en effet tous les services que peut offrir le Cloud . Cela peut être par exemple, la partie fourniture de machines virtuelles, les serveurs d'applications, ou les bases de données. Ce sont aussi les protocoles proposés par l'hébergeur ou par le client (paiement, mapping, chat, mail, ...)

3.3 - Applications

Ce sont les différentes suites logicielles pouvant être disponibles pour le client sur le Cloud , le tableur ou l'éditeur de documents accessible en ligne sur Google (Google docs), Adobe Photoshop Express Online en sont des illustrations. Les applications sont soit proposées de base par l'hébergeur, soit développées par le client. Chacune d'elles dispose d'une ou plusieurs machines virtuelles.

3.4 - Plate-forme

Elle est gérée par le fournisseur externe pour créer et déployer des applications et des services. Elle prévoit généralement des outils de développement (tels que des bases de données et des studios de développement) pour travailler, ainsi que l'infrastructure nécessaire pour héberger l'application développée. Force.com, Microsoft Azure et Google App Engine en sont quelques exemples.

3.5 - Stockage

Moyen de stockage mis à disposition du client. La plupart des hébergeurs proposent une base de données SQL sur laquelle le client n'a pas d'accès direct, ce qui peut être changé (avec un gain considérable de liberté). Il est aussi envisageable de lui fournir un système de stockage classique (système de fichier accessible en FTP par exemple).

3.6 - Infrastructure

Tout ce qui concerne la partie hardware incluant le système de virtualisation. Il s'agit du serveur frontal. Amazon (EC2 et S3), GoGrid, SunGrid, Rackspace, AT&T et Verizon en sont quelques exemples.

Le modèle en couche a pour rôle de standardiser la communication entre les machines afin que différents constructeurs puissent mettre au point des produits (logiciels ou matériels) compatibles. Le but d'un tel système est de séparer le problème en différentes parties (couches) selon leur niveau d'abstraction et de complexité.

A chacune des couches donc correspond un service locatif à la demande, auquel une entreprise peut s'abonner. La facturation est définie à l'avance, et on ne paye que ce que l'on consomme. Notons cependant que cela est rendu possible avec l'avènement des différentes couches de la virtualisation (stockage, hyperviseurs[15], bureaux virtuels, virtualisation d'applications, etc.). La figure 5 ci-après récapitule en détail cette vision.

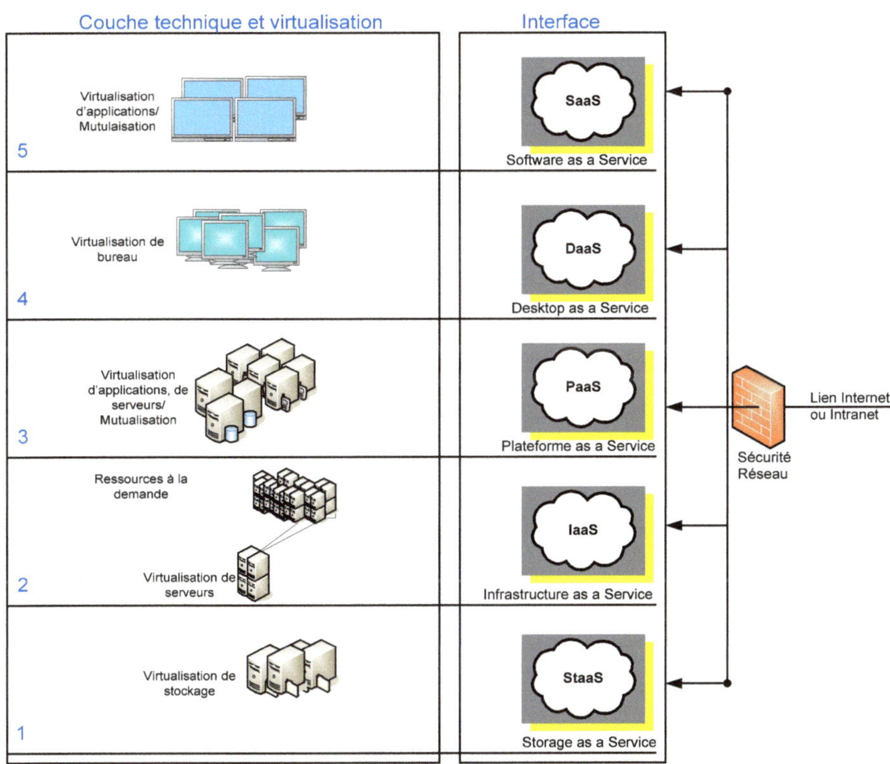

Source : Edouard Devouge, 2010.

Figure 5 : les couches du modèle « Cloud »

Chaque couche communique avec une couche adjacente et utilise ainsi les services des couches inférieures et en fournit à celle de niveau supérieur comme dans les couches du modèle OSI. Le modèle Cloud divise l'interface homme-machine en

---

[15] Un hyperviseur est un logiciel qui s'exécute à l'intérieur d'un autre système d'exploitation. Un système d'exploitation invité s'exécutera donc en troisième niveau au-dessus du hardware (matériel). *Wikipédia*

un modèle de données, une vue (présentation, interface utilisateur) et un contrôleur (logique de contrôle, gestion des événements, synchronisation), chacun ayant un rôle précis dans l'interface. Les couches ci-dessus décrites peuvent être rassemblées au sein de quatre *couches services* principales les plus acceptées par les acteurs IT *(figure 6 ci-après)*.

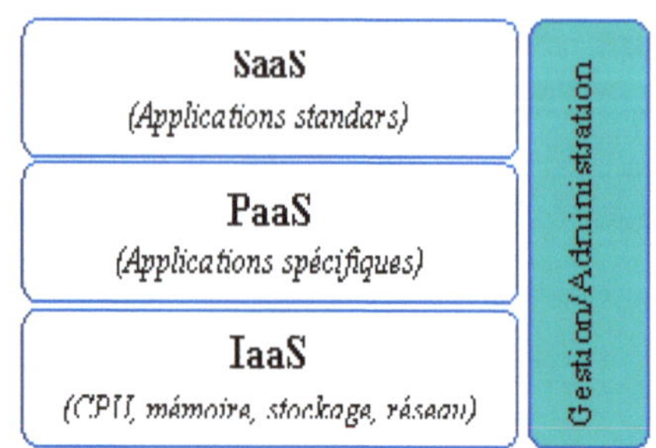

Figure 6 : Les couches services du Cloud

IaaS (Infrastructure as a Service): s'intéresse à la mise en partage des ressources matérielles (CPU, RAM, disques, réseaux, etc.) sur laquelle est déployé son environnement d'exécution (système d'exploitation, middleware, applications). L'environnement se doit d'être flexible et extensible. Les principaux acteurs d'IaaS sont actuellement : Amazon (EC2/S3) et IBM (BlueCloud).

PaaS (Platform as a Service): fournit les middlewares applicatifs permettant l'exécution des services à exposer. Les principaux acteurs sont ici SalesForce.com (Force.com), Google (Google App Engine), Microsoft (Windows Azure), Facebook (Facebook Platform)

SaaS (Software as a Service): délivre aux utilisateurs les ressources applicatives prêtes à l'emploi et configurables. Nous retrouverons dans cette catégorie comme premiers et principaux acteurs Salesforce.com (logiciels CRM[16]) et Google (Gmail, Google Apps).

La nouvelle couche Gestion/Administration permet de gérer la configuration des utilisateurs (outils d'administration distant) et des services loués, de déployer les applications, de suivre l'exécution des services, de superviser la qualité de service et le suivi de la facturation des prestations.

---

[16] Customer Relationship Management. Ce sont les outils de gestion de la relation clientes.

Conclusion

Au-delà des problématiques techniques et du positionnement stratégique des différents acteurs du marché, donner une définition exhaustive du terme Cloud computing est presque impossible. Selon le domaine, les fournisseurs de logiciel, de services ou d'infrastructures mettent en évidence différents aspects. Chez Salesforce.com, le « nuage » rappelle le paradigme de SaaS, alors que chez Google c'est plutôt SaaS et PaaS. Chez Sun Oracle par contre, il s'agit de SaaS, PaaS et IaaS.

D'un autre côté, IBM se place lui-même en premier ligne de l'infrastructure informatique sous-jacente avec « BlueCloud ». Son nuage se base sur une combinaison de « grid computing » impliquant la puissance de traitement pure et de SaaS.

Le point commun de ces définitions du Cloud computing, se trouve dans les applications, les plateformes et les infrastructures informatiques à la demande, extensible et standardisées comme des *services* mis à la disposition d'un utilisateur Internet.

Ces ressources doivent pouvoir être ajustées quotidiennement en fonction du besoin du client et se caractériser par une disponibilité et une sécurité optimales que seuls des engagements de niveau de service de bout en bout et la facturation sur l'usage peuvent assurés pour permettre aux entreprises de se concentrer sur leur cœur de métier.

Chapitre III : Cloud computing et approche économique

1. Facteurs de changements

Selon une étude menée par IDC auprès de 263 entreprises européennes et canadiennes, les prestations Cloud suscitent un intérêt particulier. En effet, sur une échelle de cinq valeurs, ces entreprises ont exprimée leur intéressement sur les avantages communément attribués au modèle de « Cloud » à la demande, tel qu'illustre la figure 7 ci-après.

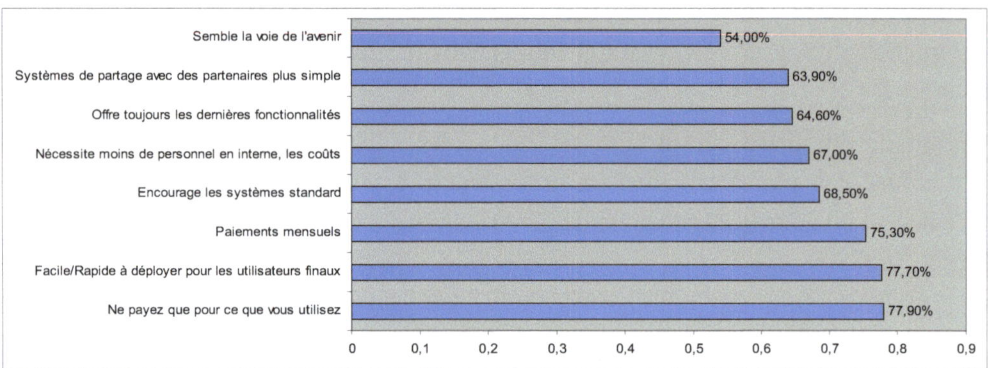

Source : IDC, septembre 2009. N=263. Echelle : (1=pas du tout, 2 = Peu, 3 = Important, 4 = Assez, 5=très) important

Figure 7 : Les Avantages des prestations « Cloud »

D'après cette étude, les avantages liés aux coûts occupent les premiers rangs de leur décision parce qu'ils permettent aux entreprises de générer des économies. En réalité, environ 73.28% pensent plus aux avantages de coûts lorsque seulement 60.83% seraient favorables aux l'évolutivité de l'offre.

En proposant des ressources informatiques stratégiques sous forme de simples services en ligne, le Cloud joue ainsi un rôle majeur dans l'amélioration de la compétitivité des entreprises. Désormais, elles se concentrent sur leur cœur de métier tout en optimisant leurs ressources.

Par ailleurs, en transformant en dépenses de fonctionnement (éventuelles) ce qui relèverait d'investissements coûteux, ce modèle de service permet d'une part de réduire les barrières à l'entrée pour les nouveaux services ; de dimensionner la ressource avec flexibilité et de simplifier la montée en charge.

En plus, il aide à réduire les dépenses en personnel en se reposant sur les tiers spécialisés pour assurer la gestion quotidienne d'un service et facilite par ailleurs les tests de nouveaux services, à moindre coût. Il permet de ce fait d'accélérer les temps de mise en œuvre des innovations tout en favorisant l'agilité des entreprises.

La courbe des technologies émergentes de Gartner (figure 8) réalisée en juillet 2009 montre que le Cloud se situe au sommet des attentes et qu'il sera largement adopté d'ici cinq ans.

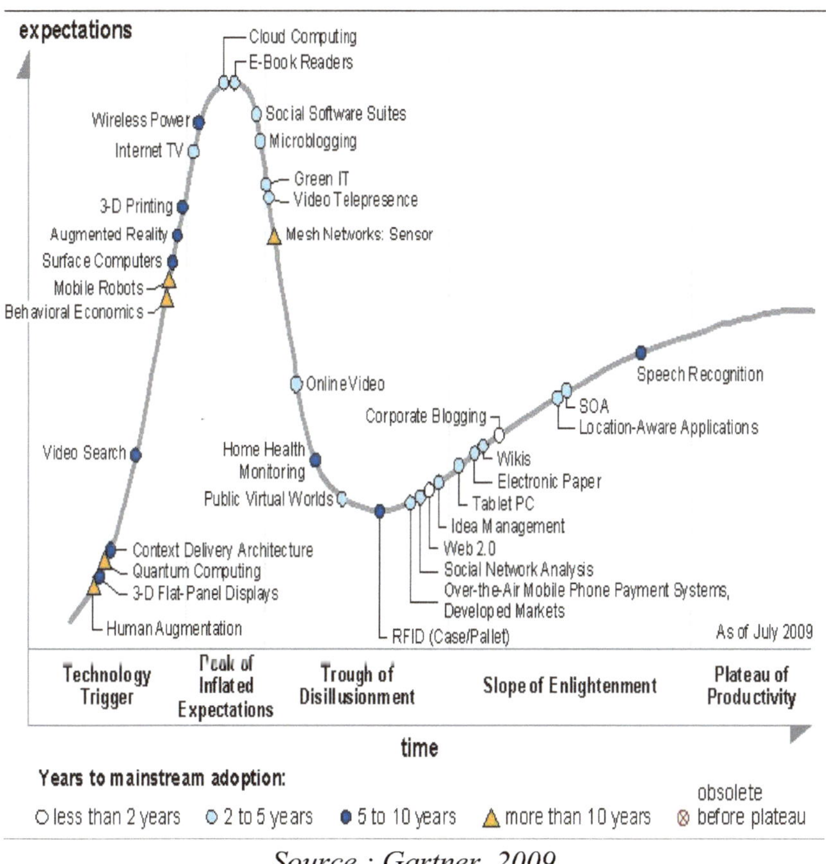

Source : Gartner, 2009

Figure 8 : Hype Cycle for Emerging Technologies

IDC (2009) prévoit que des investissements des clients dans les services de Cloud computing passeront du simple au double d'ici 2010. La vision d'un accès en ligne à ses applications informatiques se substituant à celle d'un accès local devient donc une réalité tangible pour les entreprises.

Bien qu'elle permet d'optimiser l'utilisation de leurs ressources et améliore leur compétitivité, les répercussions profondes sur les infrastructures informatiques sont à prévoir. Notamment pour la mise en place d'un Cloud privé ou pour l'utilisation des services de Cloud public ou les deux. Les facteurs qui pourront exprimer cette forte croissance selon notre étude sont :

1.1 - Espace numérique

Avec les projets « zéro papier », les entreprises tendent naturellement vers une numérisation de leurs biens pour les rendre facilement exploitables. Le dimensionnement des infrastructures en fonction des pics d'activité permettent un lissage entre plusieurs utilisateurs ce qui génère un gain inestimable et est favorisé par le développement des accès haut débit à Internet.

1.2 - Écologie

Le concept "Green IT" est envisageable pour le respect de l'environnement ainsi que la réduction de la facture électrique. Le modèle Cloud aide à réduire la sous utilisation des ressources informatiques. Plusieurs études concordantes ont montré qu'un serveur d'entreprise en mode classique est utilisé en moyenne pour 10% du temps, mais reste branché en permanence [Syntec, 2009]. Il consomme ainsi une grande quantité d'électricité et occupe inutilement de l'espace.

1.3 - Socialisation

Le Web 2.0 (avec les réseaux sociaux) a fait émerger de nouvelles façons de collaborer et sont donc plus exigeants par rapport aux moyens technologiques en relation avec les services proposés par les entreprises. Ceci s'observe notamment avec la démultiplication des terminaux connectés (PC, mini PC, Smartphones etc.).

1.4 - Économie

Les entreprises doivent relever au quotidien les défis économiques pour trouver un équilibre entre la rationalisation des coûts et le maintien de leur position concurrentielle. En mode Cloud , le même service est rendu sur des ressources partagées et les temps d'inactivité de l'application permettent l'utilisation des ressources par d'autres applications. La fabrication du matériel informatique se trouve dans ce contexte influée car une économie de certaines ressources comme de l'eau, le plomb, l'arsenic, le mercure et l'oxyde de zinc ainsi que l'or est envisageable.

2. Point de vue des acteurs de l'entreprise

2.1 - Point de vue des décideurs

Le point de vue des décideurs par rapport au Cloud Computing introduit la notion de complexité liée à ce concept. Les aspects touchant la stratégie, les coûts ainsi que la relation clients sont fondamentaux pour eux. Le modèle SaaS doit permettre la réduction de manière significative du coût total de possession des technologies ainsi que des coûts liés aux équipes d'exploitation.

2.2 - Point de vue des utilisateurs

Ces derniers mettent l'accent plutôt sur les aspects ergonomiques, l'accessibilité, ainsi que les bénéfices en matière de collaboration.

2.3 - Point de vue des informaticiens

Le point de vue des informaticiens vis-à-vis du Cloud Computing concerne tous les aspects liés à l'exploitation. Les développeurs et les analystes programmeurs pensent que la flexibilité d'une application de Cloud computing soulève, elle aussi, des interrogations par rapport au modèle du logiciel traditionnel qui a permis aux entreprises de déployer des applications personnalisées pour répondre à des besoins spécifiques. Les applications de Cloud computing, à l'heure actuelle, ne permettent pas d'obtenir le même niveau de personnalisation. Les environnements de développement d'applications propriétaires peuvent également entraver la capacité d'une entreprise à rapatrier des applications de Cloud computing, ainsi que la dépendance vis-à-vis d'un fournisseur de services [Sam Somashekar, 2010].

3. Avantages du Cloud computing

Le Cloud Computing peut présenter des avantages pour certains et des limites pour d'autres. Trois points de vue représentant l'entreprise vont nous permettre d'analyser les bénéfices et les limites de ce concept.

3.1 - Bénéfices pour l'entreprise utilisatrice

A travers la mutualisation des services, une équipe unique gère les applications de plusieurs centaines d'entreprises. Par ailleurs, en cas d'incendie ou d'inondation, un « plan de reprise d'activité »[17] est mis en place afin d'assurer un haut niveau de sécurité sur ces applications informatiques.

Le recours au Cloud computing s'inscrit dans une démarche « green IT » de développement durable. Ceci dans le but de limiter l'impact environnemental de l'informatique à travers une démarche dite « verte » dans laquelle de nombreuses entreprises se tournent vers la location ou le leasing[18] pour leurs locaux, les flottes de véhicules, leurs parcs de PC [Moulard, 2009].

L'adoption du Cloud Computing offre une meilleure sécurité, en matière d'intégrité des données tout en rationalisant les accès[19]. En effet, plusieurs Datacenters (qui favorisent des plans de reprise d'activités de grande qualité) distants garantissent l'intégrité des données grâce à des processus que peu d'entreprise pourraient acheter.

Dans une approche qualité, le modèle SaaS permet un recentrage sur le métier de la DSI en ce sens que toutes les ressources et compétences de la DSI se consacrent alors à améliorer l'agilité du système d'information pour répondre au mieux et au plus vite aux besoins des Maîtrises d'ouvrage. Les gains pour l'entreprise seront une plus grande optimisation des processus métiers, et donc des gains de productivité, des nouvelles fonctionnalités métiers déployées plus vite, un système d'information métier mieux structuré et par conséquent plus pérenne [Audin, 2009]. Ce qui peut mettre fin au syndrome de l'« administrateur héroïque» qui constitue un risque pour l'entreprise – l'administrateur n'est plus indispensable et le seul à avoir la main sur l'infrastructure.

3.2 - Bénéfices pour les utilisateurs

Pour les utilisateurs, l'ergonomie est un point essentiel pour augmenter la productivité (une meilleure maîtrise des fonctions de l'application). Il ressort de notre étude que les SaaS sont des modèles d'ergonomie grâce à l'usage des RIA[20].

---

[17] Ce plan consiste généralement à mettre en œuvre un système de basculement vers un autre centre serveur sur un lieu distant. La pratique du plan de reprise d'activité nécessite de disposer de plusieurs Datacenters distants, et donc de plusieurs équipes d'exploitation.

[18] Le crédit-bail (ou leasing, de l'anglais) est un crédit permettant l'acquisition d'un bien en échange de redevances et avec option d'un droit de propriété à l'échéance (Wikipédia.org).

[19] Les problèmes d'accès (VPN, reverse proxy) pour l'entreprise qui a un unique scénario de sécurité n'existe plus, tout comme les risques de postes de travail infectés de virus ou chevaux de Troie.

[20] RIA (Rich Internet Application ou Application Internet Riche) sont les interfaces simples, efficaces et les acteurs du web 2.0 tirent parti de cette ergonomie pour attirer de nouveaux utilisateurs.

Leurs interfaces sont simples et efficaces et sont imitées par les acteurs du monde « software » à l'instar de l'interface de Microsoft Office SharePoint et Websphere Portal d'IBM, influencés par celle Netvibes[21].

L'accessibilité des applications est sans doute le second avantage dont bénéficie le modèle SaaS. Par l'unification des accès aux applications, les utilisateurs du SaaS accèdent à leurs applications au travers d'un simple navigateur web, qu'ils soient au bureau, en situation de nomadismes ou en télétravail chez-eux [Moulard, 2009]. Le modèle offre donc un grand confort aux utilisateurs et plus de productivité à l'entreprise (déplacements inutiles évités, temps morts utilisés permettant de consacrer du temps au travail plutôt qu'à des tâches rébarbatives).

La collaboration des applications SaaS tant au niveau des utilisateurs qu'au niveau des logiciels est un autre avantage à prendre en compte. Les SaaS stockent les documents sur leur plateforme et facilite leur partage. En mettant en commun une somme de connaissances tout en proposant des fonctions de classement et recherche avancée, ceci permet de la fructifier à travers les corrélations entre les documents.

L'agilité constitue un autre avantage pour l'utilisateur. L'usage du modèle SaaS permet aux utilisateurs de bénéficier de nouvelles applications sans passer par les étapes d'un cycle projet imposé par la DSI et souvent long. Le cycle projet d'une application SaaS se réduit, la plupart du temps, à des spécifications légères et à un paramétrage rapide.

La qualité de service et la disponibilité sont également un atout pour l'utilisateur. Le modèle SaaS est capable d'assurer un haut niveau de qualité de service, en particulier une très bonne disponibilité [Moulard, 2009]. Il propose de manière quasi standard un niveau de disponibilité de 99,9 %, difficilement assuré par une entreprise sans coûts exorbitants.

3.3 - Bénéfices pour les DSI

Les aspects liés à l'exploitation constituent l'essentiel des points de vue des informaticiens. Pour la DSI, le recentrage sur l'informatique métier est un avantage immuable (débarrasser de nombreuses tâches ingrates d'exploitation et de

---

[21] Netvibes est un portail Web français personnalisable, représentatif de ce qu'on appelle le Web 2.0. Le 3 mars 2006, il publie une interface de programmation (API) permettant aux programmeurs de produire leurs propres modules. Ces modules s'apparentent à de mini-sites web hébergés sur des serveurs indépendants de ceux de Netvibes. Plusieurs nouveaux modules sont rapidement disponibles, recensés sur le site officiel ou sur des sites tiers. Entièrement revue en mars 2007, et renommée Universal Widget API (UWA) ces interfaces fonctionnent avec Netvibes et d'autres plates-formes, parmi lesquelles iGoogle, Apple Dashboard, Opera...

mises à jour sur les serveurs et sur le parc utilisateur) à l'instar du support (helpdesk) source de nombreux différends avec les utilisateurs avec peu de satisfactions pour les équipes d'exploitation.

De plus, la mission dévolue à la DSI est celle de penser le SI en se consacrant à deux projets essentiels (conception des applications métiers au plus près des utilisateurs) et l'urbanisation de son système d'information (rationnaliser le système pour le pérenniser, améliorer sa maintenabilité et son agilité).

4. Limites du Cloud computing

4.1 - Risques encourus

La confidentialité des données, la conformité réglementaire aussi bien le rejet de la part des clients sont entre autre les risques principaux liées à l'adoption de ce modèle par les entreprises. En effet, le monde de l'entreprise est persuadé que l'on doit conserver ses données informatiques dans ses locaux pour assurer leur sécurité [ENISA, 2009]. Dans certains secteurs d'activité, les entreprises doivent respecter des contraintes légales très fortes ce qui malheureusement constitue un frein à l'adoption du modèle SaaS.

Par ailleurs, les entreprises sont méfiantes vis-à-vis des applications SaaS hébergées dans d'autres pays ou sur d'autres continents, où les réglementations peuvent être différentes (comme en Chine où les autorités peuvent demander à consulter les données stockées sur les serveurs). Raison pour laquelle les opérateurs SaaS ne déploient pas de Datacenters dans des pays critiques[22].

Il ressort également de notre étude que le rejet de la part des clients est lié à une méconnaissance du modèle, une réaction de rejet justifiée par la politique de sécurité du client. De nombreuses entreprises détiennent au sein de leur système d'information, des données qui concernent leurs clients (e-mails, documents, données de suivi de la relation client, etc.). Selon Moulay (2009), lorsque ces entreprises se penchent sur le modèle SaaS pour des données concernant leurs clients, elles sont tenues de prendre en compte l'avis de ces derniers car il est essentiel d'un point de vue déontologique d'informer ses clients et de leur faire valider le recours au modèle SaaS.

---

[22] Les entreprises proposent depuis peu à leurs clients de s'engager à ce que leurs données soient hébergées dans leur région, l'Europe par exemple, ceci afin de leur garantir que leurs données ne subiront pas une réglementation tierce.

4.2 - Craintes des utilisateurs

La confidentialité des données, la dépossession de leur poste de travail représentent les principales craintes des utilisateurs. En effet, certains utilisateurs attachent du prix à la puissance de leur poste de travail. Ils aiment les customiser avec leurs propres applications. Par contre, le SaaS utilise les interfaces RIA qui poussent les utilisateurs à sauvegarder leurs données dans les nuages. La signification du poste de travail dans ce contexte tend à disparaître car l'absence de données en local sur le PC peut donner une impression de dépossession de ses données.

4.3 - Craintes des DSI

La perte de pouvoir et des ressources fait du Cloud un modèle de menace de suppression d'une partie de leurs attributions et par extension de leurs emplois. Toutefois, la sécurité des applications est un des arguments principaux de la DSI pour refuser le SaaS. En effet, la problématique de la sécurité entre plus en profondeur dans les attributions des équipes d'exploitation que des utilisateurs et se décompose selon les critères classiques – authentification, confidentialité, intégrité, traçabilité, disponibilité.

De nombreux assistants d'importation permettant la migration des données vers leur plateforme ainsi que les API permettant aux SaaS de se connecter à leurs plateformes sont fournis par les SaaS. Par contre, les SaaS ne fournissent pas des outils de récupération des données, d'où la crainte liée à la réversibilité[23]

Faire appel aux SaaS suppose que la connexion de l'entreprise au réseau Internet est de qualité irréprochable voire une forte dépendance au réseau. Cette dépendance peut handicaper l'entreprise dans la mesure où l'équipe commerciale se trouve en chômage technique parce que le logiciel CRM externalisé est interrompu à cause d'un dysfonctionnement d'Internet. Même s'il convient de la relativiser, la dépendance des SaaS reste réelle car même sans SaaS, une rupture du réseau Internet est très critique pour de nombreuses entreprises.

La problématique du trafic réseau est en dernier lieu une des craintes majeures car les échanges qui jadis s'effectuaient sur le réseau local de l'entreprise vont passer par l'Internet avec le modèle SaaS.

---

[23] La « réversibilité » est la capacité à quitter une solution informatique pour une autre. Ce qui implique que l'on puisse récupérer ses données et éventuellement ses composants métiers chez son prestataire d'hébergement pour les migrer chez un autre acteur ou éventuellement les rapatrier en interne.

5. Autres bénéfices pour les entreprises?

Les bénéfices potentiels pour une entreprise dépendent de l'intensité de son recours au Cloud Computing et du type de modèle utilisé. De manière générale, ces bénéfices sont d'ordre:

4.1 - Stratégiques

En externalisant ses besoins en TIC, l'entreprise ne doit plus se soucier de problématiques telles que l'achat de hardware, les mises à jour logicielles, la sauvegarde des données, etc. Elle peut dès lors se concentrer sur son véritable métier.

4.2 - Economiques

En réduisant ses dépenses d'investissements de capital (CAPEX[24]) pour se concentrer sur l'aspect opérationnel (OPEX[25]), l'entreprise peut réaliser des économies substantielles en ne payant qu'en fonction de ses besoins. Par ailleurs, il n'est plus nécessaire d'anticiper les périodes de croissance ou de ralentissement économique.

4.3 - Techniques

L'entreprise ne subit plus le découplage entre les cycles comptables d'amortissement des matériels et des logiciels, nécessairement longs, et les cycles d'obsolescence technologique qui sont quant à eux de l'ordre de 6 à 12 mois. En outre, grâce à la virtualisation des serveurs informatiques, il est possible de définir de manière graduelle la puissance des CPU ou l'espace de stockage dont l'entreprise a besoin.

---

[24] CAPEX (Capital Expenditure) se réfèrent aux coûts de développement ou de fourniture des pièces non-consommables pour le produit ou le système.

[25] OPEX (Operational Expenditure) sont les coûts courants pour exploiter un produit, des entreprises, ou un système. Par exemple, Par exemple, l'achat d'un photocopieur est le CAPEX, et le coût annuel de papier et de toner consommé est l'OPEX. Pour de plus grands systèmes comme les entreprises, l'OPEX peut également inclure le coût des employés et des dépenses de service telles que le loyer et l'eau, le gaz, l'électricité, etc. [wikipedia, 08/09/2010].

Conclusion

Le Cloud computing suscite un intérêt croissant en tant que facteur potentiel de génération de valeur et d'économies d'échelle pour migrer et créer de nouvelles applications. En effet, il se fonde sur son modèle économique « ***pay as you go*** » (payer selon sa croissance et ses besoins propres) pour offrir de nombreux avantages aux entreprises. Toutefois, les entreprises sont très prudentes quant à son adoption. Avant de franchir le pas et d'adopter le Cloud computing, elles tentent de déterminer si les offres disponibles présentent des avantages quantitatifs ou qualitatifs mesurables pour leur projet.

Chapitre IV : Cloud computing et risques de sécurité

Le Cloud computing suscite un intérêt croissant en tant que facteur potentiel de génération de valeur et d'économies d'échelle pour migrer et créer de nouvelles applications. Il est très séduisant pour les entreprises, puisqu'il promet des besoins minimaux en maintenance ainsi que de faibles coûts de fonctionnement.

Néanmoins, beaucoup de questions se posent quant à la fiabilité des services Cloud et de la confiance à accorder au fournisseur desdits services. Les préoccupations concernant l'application du Cloud computing sont celles de gestion de la conformité et des risques, de gestions des identités et des accès, d'intégrité des services ainsi que la protection des données retiennent le plus d'attention. Les défis de sécurité à relever concernent à la fois le Cloud public, de la virtualisation et des garanties offertes par les prestataires.

1. Perception de la sécurité dans le Cloud

Selon Forrester[26], l'inquiétude quant à la sécurité des environnements Cloud figurent en tête de file des raisons pour lesquelles les grandes entreprises ne sont pas trop intéressées par ce modèle, à côté des questions de coût et de maturité des solutions.

Selon cette étude, l'inquiétude concerne 49% des grandes entreprises contre 51% de PME interrogées. Dans le même sillage, le rapport d'enquête d'IDC, 2009 effectuée auprès de 263 entreprises françaises confirme cette inquiétude. Il en ressort que les questions de sécurité, de disponibilité et de performance du Cloud (figure 9) sont les premiers défis à relever avant son adoption.

---

[26] Forrester a publié en début 2010 le résultat de deux enquêtes menées auprès de 2200 cadres et décideurs informatiques de grandes entreprises (1000 à 20000 employés) et de PME (5 à 1000 employés) en France (où 231 personnes ont répondu à l'enquête) en Allemagne, au Royaume Uni, au Canada et aux Etats-Unis, sur les tendances d'équipement en matériels et infrastructures Cloud.

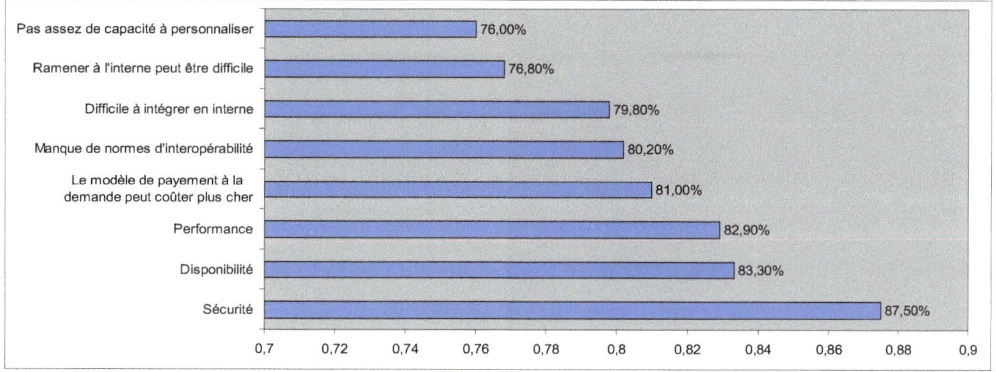

Source : IDC, septembre 2009, n=263

Figure 9 : Défis et enjeux du modèle à la demande

De notre étude, il ressort que le modèle Cloud computing réunit au moins quatre dimensions complexes lorsqu'il faut considérer la relation entre les fournisseurs des services et leurs clients en interne ou en externe. Chaque dimension doit être prise en compte afin d'étudier les risques :

- La dépendance vis-à-vis du réseau (dimension réseau) sera accrue car les applications et services jadis monolithiques et statiques seront devenus composites et dynamiques.

- Les infrastructures (dimension infrastructure) passeront d'une dépendance physique à une dépendance virtuelle, ce qui sans doute aura des répercussions sur les éléments mobiles.

- La prise de décisions opérationnelles (dimension opérationnelle et contrôle) sera plus délicate vis-à-vis des politiques mises en œuvre dans les entreprises car, plusieurs niveaux de contrôle compliqueront la gestion des contrats de niveau de service (SLA).

- Le passage du mode licence par poste (dimension économique) au modèle de paiement à l'utilisation ou à la demande suppose une meilleure gestion financière des projets et une gestion profonde des méthodes de refacturation.

2. Les risques

2.1 - Notion de risque

Par définition, un risque *est un danger éventuel, plus ou moins prévisible, inhérent à une situation ou à une activité* [Wikipédia]. Sur le plan juridique, le risque est considéré comme l'« *éventualité d'un événement futur, incertain ou d'un terme indéterminé, ne dépendant pas exclusivement de la volonté des parties et pouvant causer la perte d'un objet ou tout autre dommage* ». La définition scientifique [Daniel Bernoulli, 1738] précise que « *le risque est l'espérance mathématique d'une fonction de probabilité d'événements* ». En termes simples, il s'agit de la valeur moyenne des conséquences d'événements affectés de leur probabilité.

Ces trois définitions mettent en évidence la perception du risque comme un phénomène subjectif fortement lié à la façon qu'ont les organisations d'appréhender une situation dans un environnement donné. Une représentation (figure 10) fondée sur une démarche canonique permet d'apprécier les écarts entre les mesures de sécurité identifiées par l'analyse et celles déjà mise en place dans l'organisation.

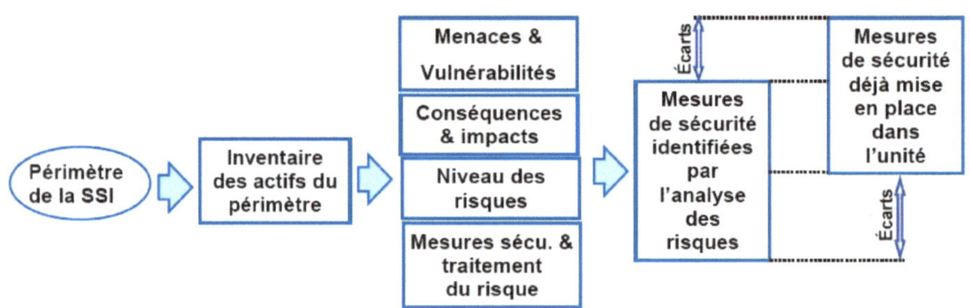

Source : Robert LONGEON, CNRS, 2008

Figure 10 : Démarche canonique d'appréciation du risque

2.2 - Facteurs de risque du Cloud

La recherche de facteurs de risques de sécurité du Cloud est très difficile car elle présente des complexités multiples. Partant du concept même des « nuages », ces facteurs peuvent s'équivaloir à ceux d'Internet, puisque le Cloud computing utilise Internet pour offrir les services à la demande. Par conséquent, il existe une infinité de facteurs et leur pertinence est d'une part liée à la sensibilité, à l'appréciation individuelle voire même à notre croyance.

Pour ce qui est de notre étude, il nous est difficile de les appréhender. Seuls des interactions fortes et indissociables entre certains éléments constitutifs du Cloud (plateforme, infrastructure, application) et l'environnement (interne et externe) de l'entreprise nous permettent de prendre en compte certains facteurs (endogène et exogène) pour bénéficier des avantages des services du nuage. A notre avis, la gestion de la conformité n'est pas prise au sérieux par les prestataires. Les identités, la sécurité du transfert et du stockage des informations soulèvent de réelles inquiétudes.

2.2.1 - Facteurs endogènes

2.2.1.1. Gestion de la conformité

Des réglementations existent et imposent une extrême prudence avec les données. Les clauses contractuelles types pour le transfert de données à caractère personnel vers des sous-traitants établis dans des pays tiers (décision du 5 février 2010, publiée dans le Journal officiel de l'Union Européen le 12 février 2010) reviennent largement sur cette prudence. Ce contrat type précise les obligations de l'exportateur de données (clause 4), de l'importateur de données (clause 5) ainsi que les responsabilités en cas de dommage subi par l'une des parties (clause 6).

Par ailleurs, elle met en garde les différents Etats quant à la vigilance qu'il faut observer lors des transferts. Conformément à la directive 95/46/CE, « *les Etats membres sont tenus de veiller à ce qu'un transfert de données à caractère personnel vers un pays tiers n'ait lieu que si le pays en question assure un niveau de protection adéquat des données et si les lois des Etats membres, qui sont conformes aux dispositions de la directive, sont respectées avant le transfert* ». Ainsi, toute infraction peut avoir de graves conséquences juridiques d'autant plus que certains pays - USA par exemple avec la Loi[27] SOX[28] (Sarbanes Oxley) - ont des directives strictes autour de l'exportation ou du transfert de données en dehors de leur frontière.

Une entreprise qui fait donc basculer une partie de ses activités sur le nuage reste responsable de la conformité, de la sécurité et des risques liés à leurs opérations. En clair, la délégation n'inhibe pas la responsabilité de cette dernière quant à ses tâches de gestion de la conformité et des risques. Les offreurs de services Cloud n'hésitent d'ailleurs pas d'indiquer explicitement dans leurs contrats que la responsabilité des tâches liées à la conformité ne leur incombe pas. La CNIL[29] à

---

[27] Parce que nombre de sociétés non-américaines sont cotées au New York Stock Exchange, la plus grande des bourses mondiales, et sont de fait soumises à cette loi, SOX a des répercussions au-delà des frontières des États Unis. C'est d'ailleurs pourquoi on parle d'extraterritorialité au sujet des répercussions de la loi SOX.

[28] Aux États-Unis d'Amérique, la loi de 2002 sur la réforme de la comptabilité des sociétés cotées et la protection des investisseurs est une loi fédérale imposant de nouvelles règles sur la comptabilité et la transparence financière. Elle fait suite aux différents scandales financiers révélés dans le pays aux débuts des années 2000, tels ceux d'Enron et de Worldcom. Le texte est couramment appelé **loi Sarbanes-Oxley**, du nom de ses promoteurs les sénateurs Paul Sarbanes et Mike Oxley [Wikipédia, 15/09/2010].

[29] Commission Nationale de l'Informatique et des Libertés

ce niveau ne baisse pas les bras car elle a décidé d'encadrer les sociétés en développant un faisceau d'indices pour aider les sociétés qui s'interrogent sur leurs rôles et responsabilités. Ce faisceau a vocation d'être un outil pratique pour aider à qualifier les parties et ainsi les accompagner dans l'application effective des principes de protection des données personnelles [Didier Gasse, 2010].

2.2.1.2. Gestion des identités et des accès

La notion d'identité couvre ici plusieurs domaines, les droits d'accès doivent toujours être cohérents et le système d'authentification unique (SSO) doit être mis en place. Les services basés sur le nuage requièrent des fonctions de collaboration inter fonctionnelles sécurisées ainsi qu'un système de protection contre l'utilisation abusive des identités des personnes et de périphériques [R. Halbheer et al, 2010].

A notre avis, les prestataires de services peuvent fournir des identités d'accès à leurs clients et doivent pouvoir gérer les accès aux services du nuage à partir de leur infrastructure en permettant une collaboration sans contrainte de frontière. De nombreuses entreprises sont réticentes à l'idée de voir leurs données stockées dans un système dont elles n'ont pas de contrôle direct et qui plus encore est situé hors de leurs frontières géographiques. Bien au-delà, le concept multi locataires existant au sein du Cloud computing suppose que l'entreprise est en permanence exposée à ses concurrents qui utilisent les mêmes ressources matérielles.

2.2.1.3. Intégrité des services

Les services basés sur le nuage doivent être conçus et exécutés avec pour priorité la sécurité, alors que les processus opérationnels doivent être intégrés au système de gestion de la sécurité de l'entreprise. L'évaluation d'un prestataire de services en nuage, doit intégrer les spécificités de la sécurité de son processus de développement en termes d'exigences, de conception, d'implémentation, de vérification, de distribution et de restitution des informations.

L'une des questions qui se pose à ce niveau concerne les garanties de niveau de services fournies en cas de panne ou de dégradation des performances chez l'un des fournisseurs de services. D'après notre recherche, les fournisseurs de services Cloud computing ne garantissent pas le bon fonctionnement de la connexion Internet externe d'une entreprise, dont l'indisponibilité empêcherait l'accès à ces ressources. Autrement dit, si une entreprise transfère les processus critiques de son activité vers un modèle Cloud , elle doit transformer également ses processus de sécurité (surveillance, audit, études approfondies, réponses aux incidents et la continuité des activités) internes pour permettre aux prestataires de services d'y contribuer.

Les contrats de prestation de services en nuage doivent inclure de ce fait un plan détaillé pour la gestion des problèmes de performance et l'analyse approfondies des réseaux. Peut-être même, les coordonnées des personnes à contacter en cas d'interruption de la prestation ainsi que les procédures de restauration doivent également être renseignés.

2.2.2 - Facteurs exogènes

2.2.2.1. Intégrité des points de terminaison

Les services Cloud sont demandés puis consommés sur site. Par conséquent, la sécurité, la conformité et l'intégrité du point de terminaison doivent être aussi étudiées. Toute négligence dans la prise compte de l'ensemble de la chaîne de prestation peut entrainer donc des défaillances dans la conception et la prestation du service. Rappelons que les services de Cloud sont déclenchés et terminés au sein de l'entreprise ou sur PC, ou encore sur le périphérique de l'utilisateur qui le consomme.

2.2.2.2. Protections des informations

Lors d'un processus de transaction dans les nuages, les trois phases (avant, pendant et après) doivent être fiables. Le concept de Cloud apporte une nouveauté dans la souveraineté des données, l'accès aux informations et le traitement. Aujourd'hui, de nombreuses réglementations divergent selon les juridictions en matière de Cloud . En effet, les données peuvent être stockées en dehors de leur territoire d'origine ou même dans plusieurs territoires. Or l'hébergement des données hors juridiction du client ou sur plusieurs sites peut être synonyme de problème de gestion et d'accès liés à la question d'appartenance des données.

De même, si les données se situent dans le Cloud public, il est possible qu'elles soient stockées sur des infrastructures utilisées par de nombreuses autres entreprises. Ce qui implique qu'avant de transférer les données dans les nuages, l'entreprise doit avoir une visibilité sur l'architecture du prestataire et sur les méthodes employées pour protéger les machines virtuelles partagées contre les diverses formes d'attaques potentielles provenant d'autres machines virtuelles exécutées sur le même matériel par les individus malveillants.

Ces facteurs sont d'autant plus préoccupants que la CNIL s'y est penchée. Dans son 30ème rapport d'activité 2009, la CNIL à travers son Commissaire en charge du secteur «Télécommunications et internet » (Didier Gasse), précise « … ce concept

(Cloud) soulève des problématiques liées à la qualification des parties (notamment la qualification du prestataire de Cloud Computing : responsable de traitement ou sous-traitant), le droit applicable, l'exercice effectif des droits par les personnes concernées (accès, modification, suppression), l'encadrement des transferts de données personnelles, et à la sécurité des données ». Bien plus, ils sont si préoccupants que des recommandations pratiques devront être émises à destination des clients des prestataires Cloud afin d'aider les entreprises à qualifier leurs rôles et leurs responsabilités, et également aider à désengorger le système d'autorisation de la CNIL.

3. La sécurité

3.1 - Notion de sécurité

La sécurité selon [Wikipédia] « *est l'état d'esprit d'une personne qui se sent tranquille et confiante. C'est le sentiment, bien ou mal fondé, d'être à l'abri de tout danger et risque; il associe calme, confiance, quiétude, sérénité, tranquillité, assurance, sûreté* ».

De cette définition, on comprend bien qu'il y a une causalité entre risque et sécurité. Ainsi, pour être en sécurité, il faut éliminer tout les dangers potentiels. Et pour l'entreprise, la sécurité apparaît comme un élément essentiel car, elle sera à l'abri de tout danger et risque si elle se sent sécuriser. En d'autres termes, la sécurité consiste pour elle à garantir sa pérennité par le recours à des moyens permettant de concilier les exigences de rentabilité à court terme avec les exigences de sécurité pour la réduction des risques, sur le plan environnemental, social, économique, générés par son activité sur le long terme.

3.2 - Bonnes pratiques de la gestion de sécurité des SI

La norme ISO-27000 fournit un cadre normatif aux bonnes pratiques en matière de gestion de la sécurité du Système d'Information (SI). Elle spécifie les exigences relatives à la mise en œuvre des mesures de sécurité adaptées aux besoins de chaque organisme ou à leurs parties constitutives. En particulier, la norme ISO-27002 constitue un code de bonnes pratiques pour la gestion de la sécurité de l'information.

Afin de déterminer les exigences de sécurité dans le Cloud , il convient d'examiner au préalable son contexte et son périmètre en tant qu'entité à sécuriser. Ce qui implique de bien connaître ses missions, ses enjeux et d'inventorier les différentes actifs qui le compose (matériels, logiciels, réseau, personnel, locaux, données etc.).

Une analyse des risques (forces et faiblesses, opportunités et menaces) du Cloud (à travers les méthodes EBIOS[30]) permettent d'identifier les objectifs de sécurité et les mesures à prendre, adaptées aux besoins de la sécurité du Cloud . Elle sert en même temps à l'élaboration de la politique de sécurité et permet de définir un plan d'action.

A partir des risques identifiés, nous pouvons définir quels sont les traitements à appliquer pour réduire ou éliminer ces risques, et donc définir les objectifs de sécurité constituant le cahier de charges de mesures de sécurité que les offreurs de ces types de services mettront en avant pour convaincre leur client.

3.3 - Sécurité du Cloud computing

La notion de la sécurité précédemment définie permet de faire un constat : la sécurité peut être considérée en tant qu'objet final en distinguant ses sous-ensembles relativement indépendants (sécurité des systèmes d'informations, sécurité incendie, sécurité des bâtiments etc.). Nous abordons dans cette recherche la problématique de Cloud computing et sécurité travers une approche double.

- en tenant compte des interrelations entre différents éléments constitutifs du Cloud (plateforme, infrastructure, application) et de la sécurité (personnel, structure, organisation, environnement) d'un ensemble homogène et vivant qui est l'entreprise.
- en considérant le Cloud et la sécurité comme éléments dimensionnels constitutifs de l'intelligence économique et stratégique.

3.4 - Risque de sécurité du Cloud computing

La gestion de risque s'attache à identifier les menaces qui pèsent sur les actifs (financiers et non financiers) d'un organisme, ses valeurs au sens large, y compris son personnel. Les risques qui pèsent sur ce modèle de service sont à la fois juridique à travers le mode d'organisation des services du prestataire; sécuritaire à travers le Cloud public et le mode d'accès aux données hébergées dans le Cloud .

---

[30] Expression des Besoins et Identification des Objectifs de Sécurité (EBIOS) mise en place en France par l'ANSSI (Agence Nationale de la Sécurité des Systèmes d'Information) est une méthode qui consiste à formaliser les besoins de sécurité et les menaces, et permet de déterminer les risques pesant sur les périmètres à auditer.

3.4.1. Le Cloud public

Le Cloud public se caractérise par la consommation des ressources de calcul et de stockage à la demande (libre service à la demande) ; un accès réseau (les ressources, les logiciels et applications sont mis en ligne à la disposition des clients différents) ; une mise en commun des ressources en mode partagé pour différents clients à travers les Datacenter ; une élasticité et une rapidité (le nombre de ressources croit ou décroit dynamiquement en fonction de la demande et des besoins) ; service facturé à l'usage.

Avec ces caractéristiques, ce modèle peut attirer les hackers pour de nouveaux challenges. De plus, le prestataire étant en partenariat avec de milliers d'autres fournisseurs pour proposer une plateforme commune, les possibilités de pannes massives ne sont pas à exclure, les problèmes de droits d'accès peuvent se poser lorsque le Cloud est hébergés dans un autre pays. La directive européenne 95/46/EC impose à cet effet (en fonction du métier) que les données de l'entreprise et de ses clients ne soient pas hébergées en dehors de l'Union Européenne. Difficile à garantir selon AWT (2009) tant la force du Cloud public et de ses principaux acteurs est liée à la capacité de disposer d'imposants centres de données déployés dans le monde entier, et surtout aux Etats-Unis.

3.4.2. La virtualisation

Le Cloud privé qui reste dans le périmètre de l'entreprise bénéficie de la sécurité mise en place pour l'infrastructure. Sa partie virtuelle présente encore un enjeu. Forrester, 2009 affirme dans son enquête que la virtualisation des serveurs x86 est adoptée par la majorité des entreprises parmi lesquelles 72% dites grandes entreprises ont déclaré avoir virtualisé leur serveur x86 et 52% sont des entreprises françaises. Ces entreprises sont ainsi exposées à des vulnérabilités liées à la sécurité des machines virtuelles.

En 2006 par exemple, huit vulnérabilités critiques avaient été découvertes dans la machine virtuelle Java de Sun et Java Web Start. Ces failles permettaient à un individu malveillant de prendre le contrôle à distance de l'ordinateur de sa victime ou à un virus de s'exécuter via l'exécution d'une application Java malicieuse, comme une page web piégée. [Y. Le Roux et A. Gallut, 2010] attestent encore que la sécurité des machines virtuelles n'est pas suffisante ; raison pour laquelle il faut y accorder une priorité.

En effet, le concept de machines virtuelles consiste à recevoir les instances des systèmes ; le système d'exploitation est dans ce cas un logiciel comme tout autre et non central. Les ressources sont partagées par plusieurs machines virtuelles.

3.4.3. Les garanties des prestataires

En optant pour le Cloud , les entreprises s'en remettent à un tiers pour assurer leur sécurité qu'elles assuraient autrefois directement de l'intérieur avec leur firewall. Néanmoins, les obligations de conformité à la réglementation s'appliquant aux données dans le Cloud n'ont réellement évolué par rapport à celles qui s'appliquaient auparavant dans les entreprises. Même si certaines clauses[31] contractuelles types adoptés le 16 février 2010, résultant de la décision 2002/16/CE du 27 décembre 2001 et mises en application depuis le 15 mai 2010 apportent des améliorations par rapport aux recours au Cloud et à l'externalisation, des doutes concernant les vulnérabilités des différents modèles de Cloud subsistent toujours.

Selon Dave Carmichael, 2010, Senior Product Marketing Manager, Sterling Commerce, les vulnérabilités des systèmes Cloud sont différentes selon les types SaaS, PaaS ou IaaS. Selon lui, *« chacun de ces composants est géré par un prestataire différent. La complexité de l'intégration accentue la difficulté d'assurer un niveau de sécurité cohérent aux trois composants et complexifie le risque sécurité »*. Au delà de ces contraintes, le responsable de sécurité de l'entreprise qui voudra établir un PRA (Plan de Reprise d'Activité) verra également sa tâche se compliquer en raison de la difficulté pour son entreprise d'imposer ses recommandations au fournisseur Cloud [AWT, 2009]. Dans ce cas, l'évaluation de la capacité de récupérer ses données en cas de changement de fournisseur (réversibilité) devient primordiale dans la mesure où les données sont déposées chez un fournisseur utilisant une structure propriétaire.

Il est donc évident que seuls des contrats clairs, et des réponses adaptées sous forme de meilleurs pratiques ou de solutions ad-hoc pourront émerger pour mettre en confiance les prestataires et les clients.

4. Les failles de sécurité du Cloud computing

Les principales vulnérabilités du Cloud résident au niveau de la circulation des données. En d'autres termes, dans le Cloud les données circulent en permanence

---

[31] Nouvelles clauses contractuelles permettant d'encadrer les transferts des données à caractère personnel vers les sous-traitants des données établies dans un Etat n'offrant pas un niveau de protection adéquat. Aux termes de ces clauses, *« un sous-traitant qui souhaite à son tour sous-traiter des données à caractère personnel devra au préalable obtenir l'accord écrite de l'exportateur pour le compte duquel les données sont transférées hors Union Européenne. Le contrat conclu entre le sous-traitant initial et le sous-traitant ultérieur devra imposer à ce dernier les mêmes obligations que celles auxquelles est soumis le sous-traitant initial »*. Source : CNIL, 2010.

et cela lance un vrai souci en matière de sécurité: comment assurer un niveau d'intégration cohérent qui garantisse la sécurité des données pendant leur circulation ?

4.1 - Au niveau de l'infrastructure

Les entreprises peuvent utiliser le Cloud pour stocker les données. Ces données sont ensuite extraites et traitées dans les systèmes et applications qu'elles utilisent pour ses activités. Des données sont ainsi échangées entre le Cloud et l'entreprise.

Lorsque l'entreprise recourt à un tiers pour lui fournir des services en ligne, Salesforce.com par exemple, les données CRM échangées peuvent nécessiter une intégration dans les systèmes internes tels que les back offices dédiés aux points de vente, à la finance, à la distribution ou à la fabrication.

4.2 - Au niveau de l'utilisateur

Les réseaux sociaux, Facebook, Myspace, LinkeIn etc. offrent certes des services innovants et généralement gratuits, mais en contrepartie d'une collecte massive des données personnelles pour une utilisation commerciale. Les vulnérabilités existent lors de l'authentification au Cloud public. Les attaques contre les messageries[32] Gmail et Facebook en sont des preuves. Or le développement de ces réseaux concerne directement la vie privée des internautes. *« Une très grande quantité de contenus est déposée par les utilisateurs et, sur la même plateforme coexistent à la fois un univers personnel et professionnels »* précise la CNIL.

Deux constats peuvent être faits pour illustrer les faiblesses potentielles du déploiement du Cloud Computing. Il s'agit de la méthode d'authentification et de la machine utilisées pour se connecter à un service en mode Cloud . Les machines sont sujettes aux vols de sessions. Le déploiement de l'authentification biométrique pour les accès aux services Cloud computing pourrait aider à réduire les risques. Cependant, un tel déploiement doit prendre en compte les directives de la CNIL des technologies biométriques, qui n'autorisent que les dispositifs où l'empreinte digitale est enregistrée exclusivement sur un support individuel.

4.3 - Au niveau du Cloud

Conceptuellement, il existe plusieurs responsables de sécurité dans le Cloud et non une instance unique en charge de la sécurité interne. Les entreprises elles-

---

[32] Plusieurs compte de messagerie Facebook (2010), Gmail (2009), ont été attaqués par la méthode de phishing qui consiste à voler l'identité d'un utilisateur afin d'accéder à ses données personnelles, à des fins malveillants.

mêmes sont multi sites. Désormais, des connexions sécurisées doivent être créées pour connecter les sites afin d'échanger les informations, ce qui suscite parfois des sérieux problèmes d'interopérabilité au niveau des plateformes utilisés.

5. Cloud computing et intelligence du risque

Nous pouvons définir l'intelligence du risque, par rapprochement à l'intelligence économique [Martre, 1994] comme « l'ensemble des actions coordonnées de recherche, de traitement et de diffusion de l'information utile aux organismes, en vue de son exploitation à des fins stratégiques et opérationnelles, menées légalement avec toutes les garanties de protection nécessaires à la préservation du patrimoine de l'entreprise, dans les meilleures conditions de délais et de coûts. »

Toujours dans le même ordre et selon Claude Revel (2009), comme « la maîtrise de l'information dans le but de connaître son environnement extérieur et par conséquent d'adapter par avance sa conduite et, permettant d'identifier les opportunités et les déterminants du succès, d'anticiper les menaces, de prévenir les risques, de se sécuriser, d'agir et d'influencer son monde extérieur dans une optique de compétitivité internationale».

Cette définition, complète et actuelle, présente l'intelligence du risque sous trois volets : gestion de l'information et des connaissances, la protection et l'influence.

5.1 - Le traitement de l'information

Il consiste à recueillir les informations nécessaires, à les trier et à les valider. En d'autres termes, il permet de collecter l'information pertinente sur ses concurrents, sur les règles et les normes et d'une manière générale sur tout son environnement extérieur international.

Afin d'éviter tout risque lié au traitement, la décision de la commission européenne du 5 février 2010 prévoit en sa clause 4 (al c) que « *l'importateur des données offrira suffisamment de garanties en ce qui concerne les mesures techniques et d'organisation liées à la sécurité...* ». L'alinéa (d) précise davantage la nature de risques dont il est question.

Plus récemment, le Règlement Général sur la Protection des Données (RGPD) en vigueur depuis le 25 mars 2018 fixe un nouveau cadre européen concernant le traitement et la circulation des données à caractère personnel[33].

---

[33] Données sur lesquelles les entreprises s'appuient pour proposer des services et des produits.

En effet, pour atténuer les fragmentations juridiques au niveau des Etats membres, le RGPD harmonise le panorama juridique européen en matière de protection de données personnelles afin qu'il n'y ait plus qu'un seul et même cadre qui s'applique parmi l'ensemble des Etats membres et identifie les champs d'application matériel (article 2) et territorial (article 3) dudit règlement lorsqu'il s'agit des traitement de données à caractère personnel.

Selon le règlement, toute entité établie ou non sur le vieux continent manipulant des données personnelles concernant des européens doit se conformer, qu'il s'agisse d'une entreprise, d'un sous-traitant ou même d'une association et ceci, indépendamment de sa taille, de son secteur d'activité ou de son caractère publique ou privé.

C'est dans cette optique que Google, Facebook, Amazon ou encore Uber par exemple doivent tenir compte des modalités du RGPD s'ils veulent continuer sans risque à fournir des biens et des services à la population européenne.

Le RGPD rappelle les obligations[34] du responsable de traitement de données à caractère personnel (articles 24) et les mesures techniques et organisationnelles appropriées à mettre en œuvre pour garantir la protection desdites et ainsi minimiser les risques (article 25).

5.2 - La sécurité

La sécurisation au niveau matériel et surtout immatériel constitue le second volet. A notre avis, elle interpelle les entreprises à pouvoir anticiper les risques et les problèmes qui se rattachent notamment à leur propriété intellectuelle, aux attaques sur leur image ou sur leur capital.

La commission européenne dans sa décision (section 3 alinéa d) appelle d'ailleurs à la vigilance des sociétés sur leurs obligations quant aux mesures de sécurité à prendre pour protéger les données à caractère personnel contre toute destruction fortuite ou illicite, perte fortuite, altération, divulgation ou accès non autorisé, notamment lorsque le traitement suppose la transmission de données par réseaux.

---

[34] Le responsable du traitement met en œuvre les mesures techniques et organisationnelles appropriées pour garantir que, par défaut, seules les données à caractère personnel qui sont nécessaires au regard de chaque finalité spécifique du traitement sont traitées. Cela s'applique à la quantité de données à caractère personnel collectées, à l'étendue de leur traitement, à leur durée de conservation et à leur accessibilité. En particulier, ces mesures garantissent que, par défaut, les données à caractère personnel ne sont pas rendues accessibles à un nombre indéterminé de personnes physiques sans l'intervention de la personne physique concernée

L'article 32, alinéa 1 du RGPD oblige le responsable de traitement et le sous-traitant à mettre en œuvre les mesures techniques et organisationnelles appropriées pour garantir un niveau de sécurité adapté au risque, conformément à l'état des connaissances, aux coûts de mise en œuvre et à la nature, à la portée, au contexte et aux finalités du traitement ainsi qu'aux risques, pour les droits et libertés des personnes physiques.

5.3 - L'influence

Pour nous, il s'agit ici de l'influence normative en anticipant les règles et les normes internationales et en participant éventuellement à leur élaboration d'une part et négocier, convaincre ou faire du lobbying professionnel pour exercer son influence d'autre part. C'est à juste titre que les directives de la Commission européenne sont là pour encadrer les sociétés qui s'engagent dans les transferts des données vers un sous-traitant en dehors de son territoire.

5.4 - Modélisation de la sécurité dans le Cloud computing

L'analyse des vulnérabilités est parallèle à celle des menaces de sécurité dans le Cloud computing. En reprenant la définition usuelle de la vulnérabilité (qui peut être atteint, blessé, qui offre peu de résistance ou perméabilité aux menaces et aux dangers), on constate la part de l'individu ou de l'organisation dans son rapport avec l'environnement. Par conséquent, une approche rationnelle de la sécurité nous permet d'envisager une modélisation à connotation mathématique dans l'intérêt d'accrocher l'attention des décideurs dans une démarche de sensibilisation (tableau 3). Partant de la définition de Bernoulli, nous considérons ici qu'à chaque risque (R) est associée une probabilité (P) d'occurrence d'un événement (i) avec une conséquence probable ou un impact ($Impact$) sur l'organisation. Le produit $P(R_i)xImpact(R_i)$ est la valeur du risque i lorsqu'il est identifier. En d'autres termes, la somme des aléas constitue la valeur de l'ensemble des risques.

Risques (R_i)	Impacts pécuniaires pour la société (Impact$_i$)	Précaution à prendre
Intrinsèques		
Disparition du prestataire	Perte du chiffre d'affaire	**Surveillance du prestataire et de son résultat opérationnel**
Défaillance d'un sous-traitant d'un prestataire	Perte de 60% à 75 % du projet	**Contrats spécifiques**
Réversibilité trop complexe	Augmentation des coûts annuels	**Appel à plusieurs prestataires**
Infrastructure et applications		
Cloud inaccessible et applications inaccessibles	**Business** : perte du chiffre d'affaire	**CA/300=~6 à 8 Millions d'euros par jours**
	Production : logistique (retard de livraison), perte des clients	**Contrat de niveau de service** **Plan de reprise d'activité** **Pénalité de retard**
Sécurité de l'application défaillante		
Perte et vol d'informations	Atteinte à l'image de marque de la société Coût publicitaire	**Déclaration du référentiel d'audit tierce partie (référentiel qualité, SOX, garantie de sécurité)**
Protection industrielle	Atteinte à l'image de marque de la société Coût juridique	**Certification d'audit dont dispose le prestataire**
Données personnelles	Atteinte à l'image de marque de la société	**Pénalités financières**
$R = \sum_{i=1}^{n} R_i$	$\text{Impact} = \sum_{i=1}^{n} \text{Impact}_i$	
Modèle de sécurité (Ms) :	$\text{Ms} = \sum_{i=1}^{n} \text{Impact}_i * P(R_i = \text{Impact}_i)$	

Tableau 3 : Modélisation de la sécurité dans le Cloud computing

La sécurité appelle plus la raison parce qu'elle se réfère au danger, à la peur, au comportement [F. Bulinge, 2002]. La modélisation est ici toute relative et constitue uniquement notre façon d'appréhender la sécurité dans le modèle de passage à l'échelle infini. Notre modèle met en évidence un constat mathématique selon lequel il n'existe pas de sécurité absolue et, pour la seule raison qu'il n'y a pas de risque égal à zéro. Notre proposition dans cette partie est une approche qui mérite d'être enrichie. Deux approches pour l'aide à la décision son en effet mises en évidence:

La première approche (économique) permet d'identifier des zones de contraintes (définition d'un seuil à partir duquel une vulnérabilité doit être considérée comme critique au regard du rapport Investissement/Pertes qu'elle peut engendrer). La seconde (stratégique) permet d'identifier des zones de vulnérabilités considérées comme solution pour un modèle de décision rationnelle [Aubert[35] et al, 1999]. Notre modèle (Ms) peut ainsi être optimisé sous les contraintes de coûts (impacts) associés à la réalisation de chaque risque.

---

[35] Cité par F. Bulinge

Conclusion

Les entreprises sont confrontées à une difficulté dès lors qu'elles tentent de mettre en place une politique de sécurité : l'analyse du risque, dans la logique de renforcement de la chaîne sécuritaire, doit être exhaustive et globale. Cela implique de prendre en compte ses facteurs potentiels existants et suppose également une vision d'ensemble des interactions possibles entre les vulnérabilités, les risques, les menaces et les dangers [F. Bulinge, 2002].

L'intelligence du risque va donc permettre aux entreprises de mieux analyser, prévenir, protéger et réagir rapidement face aux aléas qui peuvent subvenir. Dans le cas du Cloud computing :

L'analyse marque la prise de conscience et la volonté de mettre en œuvre une politique de sécurité visant à protéger les actifs de valeur (données ou informations stockées, traitées, partagées, transmises ou extraites à partir du Cloud) contre les menaces conduisant à la perte, l'inaccessibilité, l'altération ou la divulgation inappropriée.

La prévention découle de l'analyse des vulnérabilités et des risques et relève d'une stratégie d'évitement (sensibilisation, mesures préventives) aidant à maîtriser l'information, connaître son environnement extérieur pour adapter sa conduite et anticiper les menaces.

La protection qui tient compte de la réalisation possible du danger et tend à circonscrire ou à limiter le sinistre, en procédant par des contrats de services clairs, garantissant la sécurité, tels que les organismes en charge des normes de sécurités de systèmes d'information recommandent.

La réaction qui repose sur la capacité des acteurs à réagir en situation dégradée, que ce soit vis à vis des circonstances prévisibles ou face à des situations aléatoires en intégrant les équipes techniques internes dans les démarches d'adoption de Cloud et en faisant recours aux instances d'arbitrage et d'encadrement.

Chapitre V : Hébergement dans le Cloud computing

De plus en plus, les entreprises se délocalisent (offshore) pour créer ou utiliser une entité juridique en dehors de leur propre territoire. Ces pratiques s'accompagnent du transfert d'une activité préexistante du pays d'origine vers sa nouvelle implantation. Le but recherché étant le plus souvent la réduction des coûts notamment fiscaux, financiers ou salariaux. Dans ce contexte, elles font face à de nouveaux challenges, notamment pour l'hébergement de leurs infrastructures et/ou applications informatiques. Nous nous attarderons dans ce chapitre sur comment les nouvelles évolutions de l'hébergement vont modifier l'organisation des entreprises.

1. Enjeux pour les entreprises

Selon une étude de Markess international [36] (2009), les entreprises font face à des contextes et enjeux variés dont leur impact est plus ou moins direct sur leurs approches d'hébergement. Ces enjeux selon notre étude ont été regroupés en aspect économique, technologique et de développement durable.

Sur le plan économique, les entreprises procèdent à une contraction des budgets d'exploitation informatique pour une meilleure maîtrise de ces coûts dans un contexte économique incertain grâce au recours à la virtualisation, et à la consolidation des centres de données.

Au niveau du développement durable, les entreprises cherchent non seulement à améliorer leurs environnements informatiques afin de mieux tenir les montées en charge, mais aussi, elles sont exigeantes sur le service rendu aux clients. Ce qui sans doute se traduit par une augmentation du volume de données à stocker et à sauvegarder, une adaptation des environnements informatiques aux évolutions de l'entreprise.

Sur le plan technologique, elles se reposent aussi bien sur internet que sur des connections avec les tiers (clients et fournisseurs) pour offrir une administration simplifiée et une gestion plus efficace des environnements informatiques, tout en respectant les exigences de continuité de service imposées par les instances réglementaires et les clients.

---

[36] Markess international est une société d'études et de conseils.

2. L'état des lieux en hébergement

Avec les exigences de performance pour leurs activités ainsi que des contraintes en termes de dépenses et d'investissements, les entreprises optent pour des solutions économiquement viables comme la virtualisation et le Cloud computing. Cependant, s'engager vers ces solutions suppose que les problématiques qui l'accompagnent ont été étudiées avec la plus grande attention.

Markess International à travers son étude *Cloud Computing et virtualisation : nouvelle donne sur le marché de l'hébergement en France,* s'appuie sur les réponses de 150 décideurs d'entreprises, dont 60 % de profil techniques, et 23 offreurs interrogés entre juin et septembre 2009 pour répondre aux nouveaux défis en hébergement qui modifieront l'organisation des entreprises. D'après l'étude, 50% des entreprises interrogées évoquent héberger leur infrastructure et application en interne (dont 25% sur plusieurs sites comme les banques et les industries).

Par contre, 39% hébergent leur infrastructure et/ou applications aussi bien en interne qu'auprès d'un ou de plusieurs prestataires. Seuls 11%, pour la plupart les entreprises de distribution, de services informatiques et des télécommunications affirment héberger en environnement externalisé. Toutefois, les domaines applicatifs concernés par l'hébergement externe sont de sites web et des portails non transactionnels (60% des sondés) et transactionnels (53%), des applications de gestion de la relation client (CRM), les ressources humaines et les extranets. Les applications à caractère plus sensible comme celle de sauvegarde, de stockage, de sécurité ne sont hébergées à l'extérieur que dans 32% des cas.

2.1 - Intérêt pour le l'hébergement et la virtualisation

Selon notre étude, l'hébergement virtualisé répond à des enjeux d'optimisation des coûts, à la mise en œuvre de plans de continuité ou de reprise d'activité (PCA/PRA) mais aussi d'offre de ressources et d'application à la demande. Markess (2009) prévoit que 13% des entreprises y recourront avant 2011 et 17% au-delà car, la virtualisation continue de descendre dans les différents services et touche déjà le stockage, les postes de travail, l'environnement applicatif et le réseau.

2.2 - Les types d'hébergement

En la matière, l'étude fait ressortir trois types d'hébergements qu'il convient de caractériser pour ainsi les rapprocher du modèle Cloud computing (privé, public ou hybride). Le tableau suivant présente les types d'hébergement avec leurs caractéristiques spécifiques.

Types	Description		Caractéristiques
Interne	Privé	Serveur interne à l'entreprise	**Mis à disposition dans le périmètre de l'entreprise**
Externe	Dédié	Serveur dédié, exploité et maintenu par un hébergeur	**Mis à la disposition d'un client** **Administration soit à distance ou soit par l'hébergeur**
	Mutualisé	Espace partagé sur le serveur d'un hébergeur dont l'environnement technique est partagé par plusieurs utilisateurs	**Choisi pour les sites web à faible ou moyen audience, ne sollicitant que ponctuellement des ressources du serveur.**
	Virtualisé	Partitionnement d'un serveur en plusieurs serveurs virtuels indépendants	**Chaque serveur virtuel se comporte comme un serveur dédié**
Mixte	**Co – location**	**Mise à disposition d'espaces physiques mutualisés ou dédiés (demi-rack, rack ou cage) dans lesquels les clients hébergent leur propre équipement**	**Permet au client d'installer les serveurs de son choix et d'en avoir la totale maîtrise. L'hébergeur fournit l'infrastructure d'accueil des serveurs, la bande passante ainsi qu'un certain nombre de services et de garanties**

Tableau 4 : Types d'hébergement

3. Considérations juridiques pour l'hébergement dans le Cloud computing

Le Cloud computing constitue un service mutualisé et virtualisé dont le coût varie uniquement en fonction de l'utilisation qu'il convient d'encadrer spécifiquement sur le plan juridique. En effet, les risques juridiques du Cloud computing concernent aussi bien les données que la responsabilité du prestataire vis-à-vis de ses sous-traitants. C'est pour quoi, les entreprises doivent se prémunir desdits risques à l'aide des contrats sécurisés.

3.1 - Sécurisation des données

La mise en place du computing d'après notre étude comporte un ensemble de risques au regard de la sécurité et de la sécurisation des données. L'accès aux données et aux applications est réalisé entre le client et une multiplicité des serveurs distants. Dès lors, la mutualisation des serveurs et la délocalisation amplifient donc les risques car, l'accès aux services induit des connexions sécurisées et l'authentification des utilisateurs. La question de gestion des identifiants et des responsabilités comme des accès non autorisés, perte ou vol d'identifiants, démission ou licenciement se trouvent ainsi poser.

Dans la même logique, la perte de données n'est pas à exclure. Il faut avant toute migration vers le Cloud computing évaluer et anticiper les risques dans le cadre de procédures de sauvegardes adaptées (stockage dans les espaces privés, en local ou en environnement public).

La réalisation des services de Cloud étant assurée par un prestataire externe, seuls les contrats bien ficelés aideront les entreprises à couvrir les risques en termes de qualité de service obtenue, de la propriété et de l'intégrité des données.

3.2 - Sécurisation des coûts financiers

Les risques financiers à prendre en compte se situent au niveau de la procédure et les outils de contrôle servant à évaluer la consommation et sa facturation. Pour que le Cloud reste avantageux pour les entreprises, nous pensons qu'il conviendra de définir dans un contrat une unité de mesure de stockage, des ressources utilisées ainsi que le nombre d'utilisateurs actifs.

3.3 - Sécurisation de la vie privée

Au regard du respect de la vie privée et du transfert de données, le contrat de Cloud computing doit prendre au sérieux la question de la territorialité des données et tenir compte des contraintes réglementaires existantes, d'autant que le fait de confier ses données à un sous-traitant n'exonère pas le responsable du traitement de ses obligations. Rappelons que cette question prend une ampleur particulière car les serveurs sont délocalisés et le client n'a pas à connaître leur localisation. Or, la loi impose (pour tous les pays de l'Espace Economique Européenne) dans le cas des transferts de données à caractère personnel hors de l'Union européenne, des formalités d'autorisations préalables.

4. Besoins pour le Cloud Computing

Déterminer les besoin actuels et futurs en hébergement d'infrastructures et d'applications, tout comme rechercher l'intérêt pour le Cloud computing et la virtualisation revient pour une entreprise à faire une étude préalable selon un ensemble de critères pour accompagner son processus de prise de décision.

4.1 - Quelques critères

Moulard (2009), a proposé une grille de critères pour la détermination de la viabilité d'une migration vers une solution en mode SaaS. Cette grille (tableau 3), est un outil d'aide au choix sous la forme d'une analyse de critères que nous avons enrichie pour l'étendre aux PaaS et IaaS. Cette démarche passe par différentes étapes dont l'analyse des coûts, la conformité réglementaire, l'agilité et la traçabilité et bien d'autres pour conduire un processus de prise de décision.

Famille de critères	Critères	Commentaires
Coût	Analyse des coûts	**L'outil SaaS apporte-il un ROI intéressant ? Par exemple, le calcul de réduction des coûts de licences logicielles, machines, charge des équipes d'exploitation, offre t-il des bénéfices substantiels ? Ce critère est fondamental : il doit disposer d'un poids important.**
Organisationnel	Conformité règlementaire	**Le modèle SaaS est-il possible dans le secteur d'activité de l'entreprise ? Par exemple, l'externalisation des comptes par une banque est-il impossible ?**
Utilisateurs	Agilité	**L'outil SaaS permet-il la mise à disposition des applications auprès des utilisateurs dans un temps plus court ?**
Sécurité	Traçabilité	**L'opérateur SaaS propose t-il des traces sur les accès/comportements utilisateurs ?**
	Réversibilité	**Quelles garanties me permettent de récupérer mes données en cas de changement du fournisseur ?**
	Authentification des accès	**L'entreprise peut-elle renforcer les mécanismes d'authentification proposés**

		par le fournisseur en utilisant son propre système de sécurité ? annuaire LDAP, SSO etc.
Qualité de services	Niveau de service fourni	**Les garanties de fonctionnement des ressources critiques de l'entreprise en cas de défaut de services sont-elles suffisantes ?** **Quel est le niveau de service fourni ?**
Intégration	Flexibilité	**Quelles sont les capacités d'intégration de la solution proposée avec l'existant ? Quels sont les coûts et les délais ?**
Pérennité des fournisseurs et des solutions	**Marché jeune**	**Quelle est la notoriété du fournisseur ?**

Tableau 5 : Grille de critères

4.2 - Processus de prise de décision

Nous modélisons le cheminement en vue d'une prise de décision de la manière suivante:

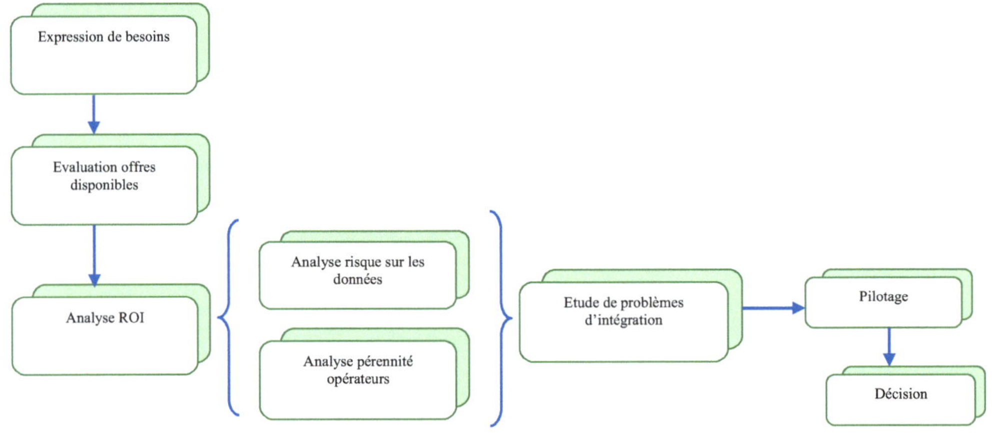

Figure 11 : Processus de prise de décision

L'expression de besoins permettra à l'entreprise d'identifier ses besoins réels vis-à-vis des services à mettre en place et définir les contraintes qui y sont liés. Par exemple, l'entreprise a-t-elle besoin d'un CRM simple, d'une messagerie instantanée avec le partage de calendriers etc..?

L'évaluation des solutions disponibles sur le marché permet de choisir l'offre qui convient le mieux dans le cas où les besoins sont identifiés. Les offres du marché en faveur du Cloud computing sont de plus en plus nombreuses. Il est donc important pour l'entreprise de faire le bon choix dans la sélection du fournisseur. Dans ce contexte, une étude du ROI (retour sur l'investissement) est alors possible et peut concerner : les coûts liés à l'usage des logiciels, les coûts machines, les coûts en électricité, les coûts en locaux de type « salle blanche », les coûts salariaux du personnel d'exploitation et de support.

L'analyse de risques permet d'envisager la question de sécurité (authentification, confidentialité, intégrité, disponibilité, traçabilité), d'étudier la pérennité du prestataire de services et les problématiques liées à l'intégration.

Un pilotage doit être fait par l'entreprise en dernier ressort car, le passage au modèle XaaS implique une migration de données conséquentes, ou une modification des processus de travail des collaborateurs.

Conclusion

Le marché de l'hébergement est resté prometteur malgré la crise de 2009 [Markess, 2009] et constitue pour l'essentiel de l'hébergement de site de web et portail non transactionnels (60%), de CRM, des applications RH, des extranets ainsi que de la messagerie. Par contre, les applications à caractère sensible (sauvegarde, stockage et sécurité) ne sont hébergées qu'à une faible proportion (32% des cas).

Plus de la moitié des entreprises interrogées par Markess avouent faire recours à la virtualisation. Cette dernière concerne toutes les couches de l'infrastructure. Les applications serveurs par contre constituent à 90% le principal intérêt de cette technologie pour les entreprises, bien qu'elles continuent de descendre dans les différents services (stockage, poste de travail, environnement applicatif, réseau etc..). En outre, l'hébergement dans le Cloud répond à un enjeu d'optimisation des coûts, à la mise en œuvre d'un plan de reprise d'activité ainsi qu'à l'offre de ressources à la demande.

Toutefois, les considérations juridiques en termes de sécurisation de données, de responsabilité du prestataire vis-à-vis de ses sous-traitants, de sécurisation des coûts financiers ainsi que de la vie privée devront guider les besoins des entreprises dans leur processus de prise de décision en matière d'hébergement en nuage.

Conclusion générale

Le Cloud permet une économie permanente d'infrastructures que l'entreprise n'aura plus à gérer, que ce soit au niveau de la redondance, de la maintenance, et des coûts d'infrastructures (Electricité, Climatisation, pannes, connectivité).

Le Cloud computing dépasse ainsi les limites posés par les serveurs classiques en baies, hébergés en Datacenter ou sur des sites dédiés en donnant un accès quasi illimités à toute les ressources qu'il s'agisse du processeur, du stockage, ou de la bande passante. La notion de machine n'existant plus, l'entreprise stocke ses données et utilise le Cloud pour travailler. Notons cependant que ce modèle de développement est né après que les géants de l'Internet (Google, Saleforce.com, Amazon etc.) aient créé leurs propres infrastructures pour satisfaire leurs propres besoins. Aujourd'hui, ils assurent leur évolution, mais également partagent leurs ressources à des prix compétitifs.

De nos jours les offres restent limitées, et varient suivant les stratégies des entreprises. Le modèle « Cloud » est très lourd à mettre en place et seules certaines compagnies dont les plus grandes en sont capables. Pourtant, les professionnels, les chercheurs et les économistes prévoient un avenir meilleur pour ce modèle de services à l'horizon 2013. Certains facteurs comme la part de croissance du numérique dans les activités de l'entreprise, le dimensionnement des infrastructures par rapport aux pics d'activités, le développement des accès haut débit tout comme la démultiplication des terminaux connectés permettent de comprendre cette projection.

On note néanmoins que la question de sécurité est le principal handicap qui peut freiner son ascension et limiter son adoption rapide par les entreprises. Non seulement l'accès aux données et aux applications est réalisé entre le client et la multiplicité des serveurs distants, la réalisation des services de Cloud computing est assurée par un prestataire externe qui n'assure toujours pas la qualité de service mais aussi la territorialité des données divise encore les organismes en charge de la réglementation de transfert des données.

En définitive, avant de migrer ses applications ou ses infrastructures dans les nuages, les entreprises devront procéder par une étude succincte de besoin et une analyse des risques liés à cette migration. Seuls des contrats bien ficelés ou des cadres juridiques bien précis pourront les aider à bénéficier pleinement des services dans les nuages.

Annexe

Quelques fournisseurs de XaaS

Salesforces.com (SaaS, PaaS)

http://developer.force.com/,

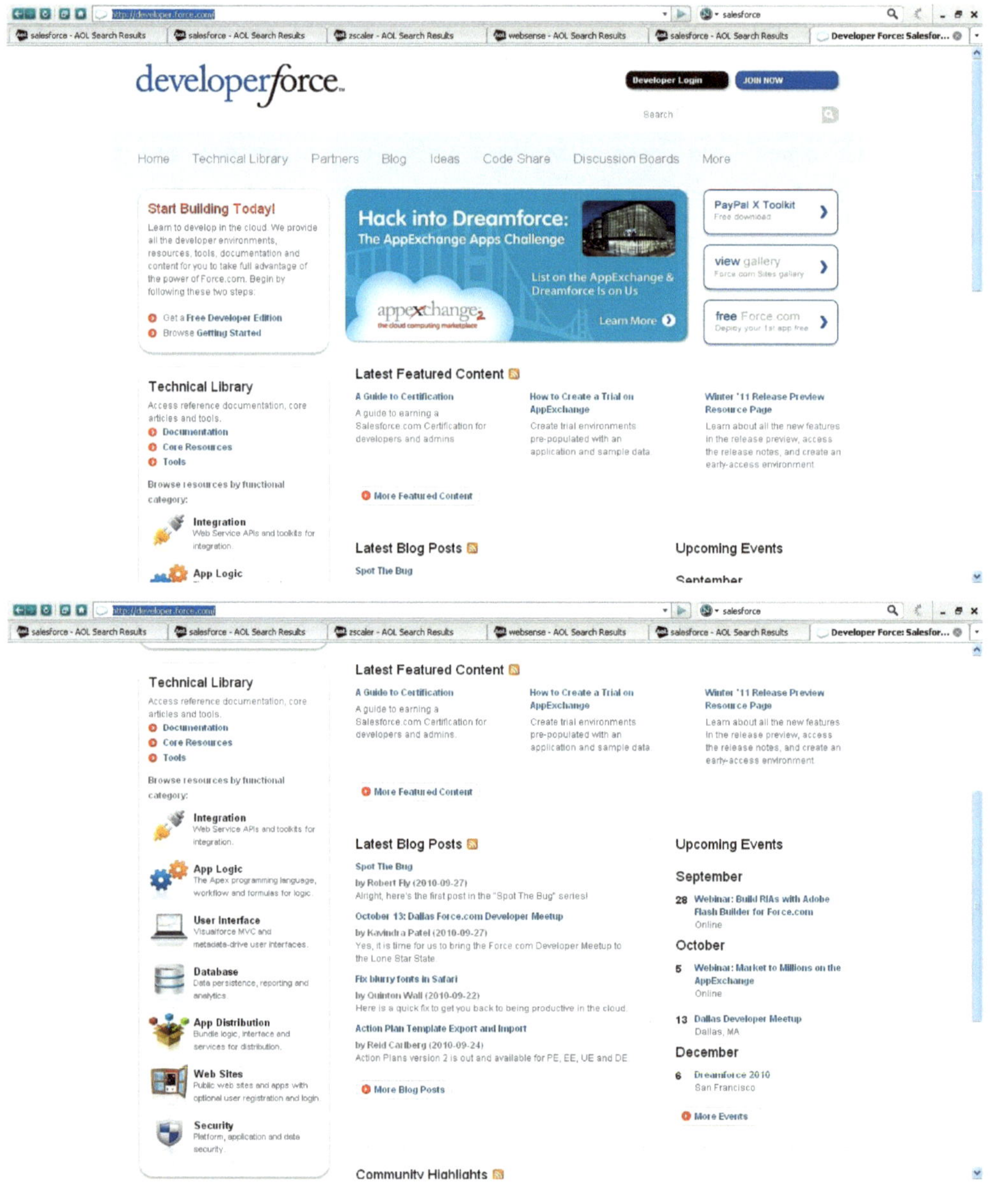

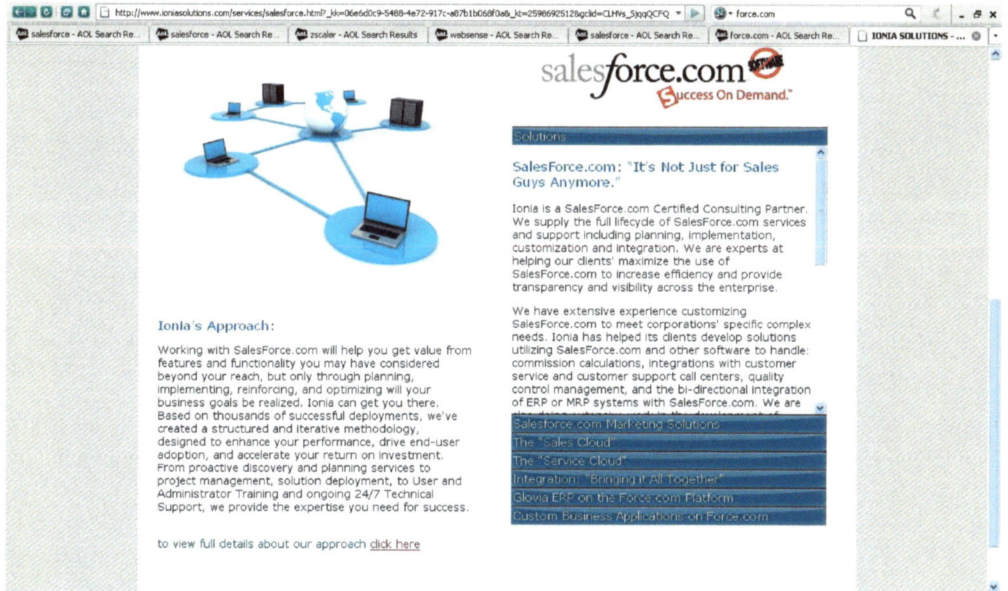

Google (PaaS, SaaS)

http://appengine.google.com

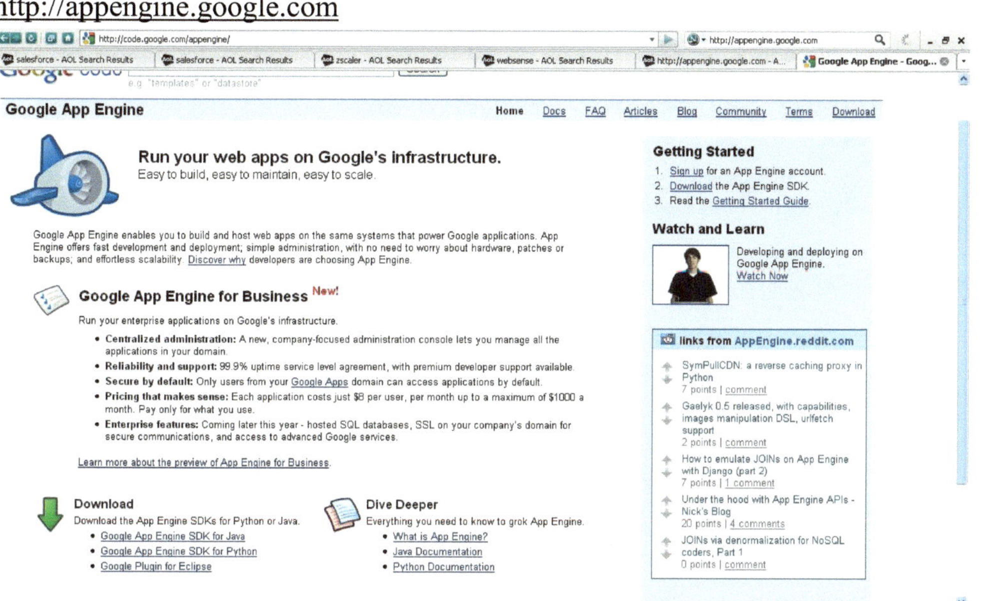

Amazon (PaaS, SaaS, IaaS)

http://aws.amazon.com/

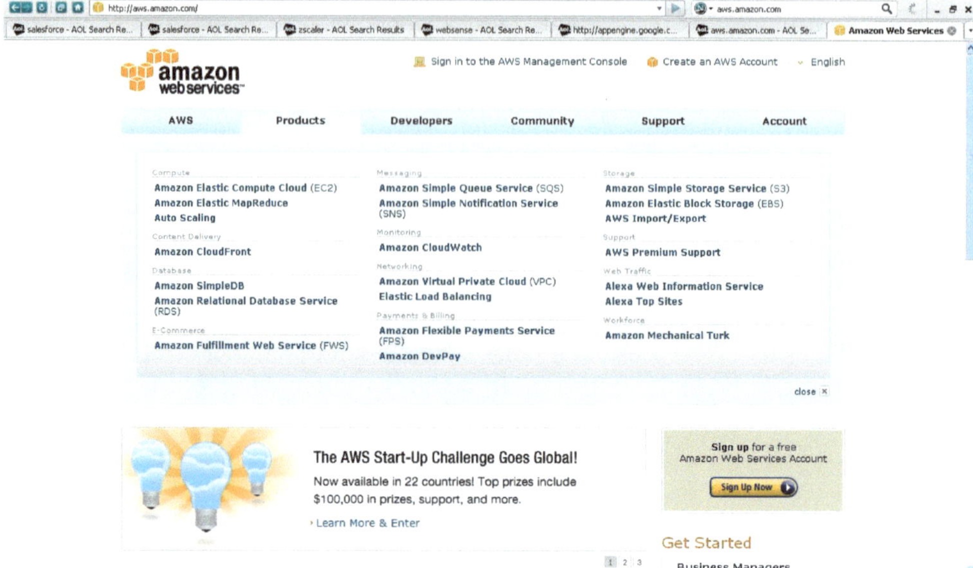

Zscaler (Security as a Service)

http://www.zscaler.com/Cloud servicesoverview.html

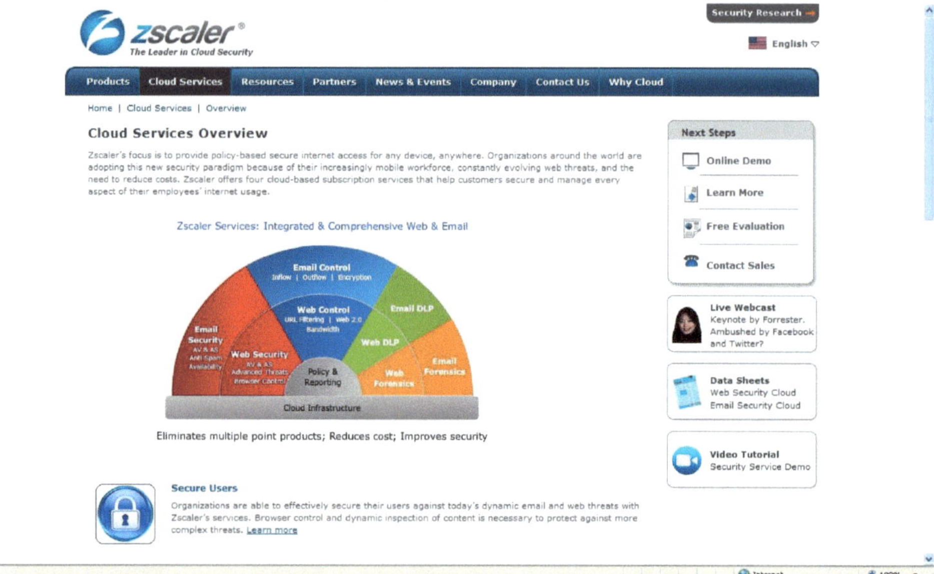

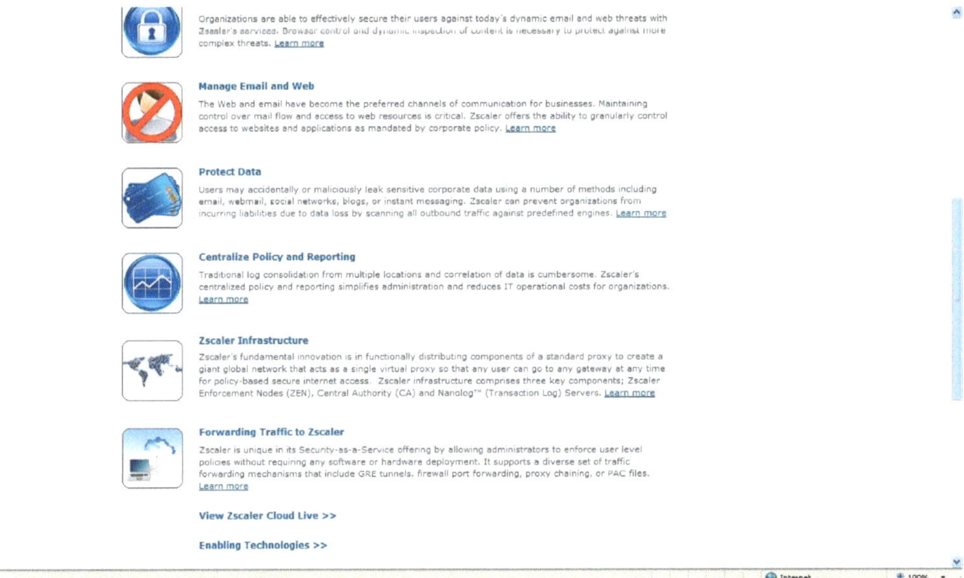

Websense (Security as a Service)

http://www.websense.com/content/Home.aspx

websense
ESSENTIAL INFORMATION PROTECTION

MyWebsense | Buy & Renew | French | Search

Accueil Produits Évaluer Partenaires Security Labs Support technique À propos de Websense MyAccount

Présentation   Sécurité Internet   Sécurité des données   Sécurité de la messagerie   Les plateformes   Technologie et Services   Ressources

Sécurité Internet
Présentation
Web Security Gateway
Web Security
Web Filter

La meilleure sécurité Internet et le coût total de possession le plus bas dans un monde Web 2.0

Les solutions Web Security de Websense vous apportent la meilleure protection du marché contre les nouvelles menaces, au coût total de possession le plus bas. Choisissez le type de solution de sécurité qui correspond à vos besoins spécifiques ci-dessous.

Une utilisation sécurisée et productive du Web 2.0
Les solutions Web Security Gateway de Websense garantissent la productivité des employés, la protection contre les malwares et la prévention contre la perte de données (DLP) tout en sécurisant l'utilisation des ressources dynamiques Web 2.0. Elles comprennent des outils DLP, des analyses de sécurité en temps-réel, des anti-virus, des outils de filtrage d'URL et des mises à jour instantanées. Les solutions Web Security Gateway de Websense sont flexibles : elles peuvent être déployées sur site, sous forme de plateforme (SaaS) Security-as-a-Service, ou en version hybride (sur site et en SaaS).

La protection contre les malwares et la productivité des employés
Les solutions Web Security permettent une protection dynamique du Web et maintiennent la productivité des employés avec des outils de filtrage de sécurité Web numéro 1 du secteur et des mises à jour en temps réel. Ces solutions Web Security sont disponibles pour un déploiement sur site ou en plateforme SaaS.

La productivité des employés
Les solutions Web Filter de Websense améliorent la productivité de l'employé à l'aide des meilleurs outils de filtrage du Web. Les solutions Web Filter sont déployées sur site.

Liens Rapides
Télécharger le guide du produit >

Les plateformes
Appliances V-Series >
Security-as-a-Service >
Logiciel >

Offres d'emploi | Nous contacter | Presse & Evenements | Plan du site | Informations légales | Politique de confidentialité   ©2010 Websense, Inc. Tous droits réservés.

Terminé   Internet   100%

Présentation   Sécurité Internet   Sécurité des données   Sécurité de la messagerie   Les plateformes   Technologie et Services   Ressources

Sécurité des données
Présentation
Data Security Suite
Data Monitor
Data Protect
Data Discover
Data Endpoint

Websense® Data Security

Des solutions de prévention contre la perte de données pour sécuriser l'information confidentielle et gérer les risques et la conformité

Les solutions de prévention contre la perte de données de Websense (DLP) offrent la meilleure technologie DLP du secteur. Cette solution est conçue pour sécuriser l'information sensible et la propriété intellectuelle ainsi que pour assurer l'application des réglementations en vigueur. Offrant de nombreuses options de déploiements, les solutions DLP de Websense donnent la possibilité aux organisations d'installer la version la plus appropriée à leurs besoins, en réduisant les coûts et la complexité.

Prévenir la perte de données sensibles
Grâce à leur capacité à identifier et à contrôler l'information essentielle des entreprises, les solutions DLP de Websense aident à prévenir la perte de données lors de leur circulation : transmission, échange d'emails, contenu Web, messagerie instantanée, partage de fichiers P2P, etc...

Augmenter la visibilité de l'information (où est-elle envoyée et stockée)
Les solutions DLP de Websense offrent une visibilité inégalée de votre information : où se trouvent les données, où sont-elles envoyées et par qui ?

Respecter la conformité réglementaire
Utiliser les solutions DLP de Websense pour simplifier la mise en conformité avec les réglementations en vigueur, à l'aide de modèles de documents prédéfinis et spécialement étudiés pour les secteurs de la finance, de la santé et d'autres industries sensibles.

Des options de produits flexibles

Les modules Data Security de Websense - Les solutions de prévention contre la perte de données de Websense comprennent 4 modules uniques, garantissant ainsi une facilité d'adaptation aux besoins spécifiques de chaque organisation. Cette approche modulaire permet d'effectuer des déploiements par paliers, qui répondent mieux aux besoins spécifiques des organisations.

• Websense Data Monitor
• Websense Data Protect
• Websense Data Endpoint
• Websense Data Discover

Websense Data Security Suite - Conçue pour les déploiements DLP, la suite

Liens Rapides
Télécharger le guide du produit >

Les plateformes
Logiciel >

Terminé   Internet   100%

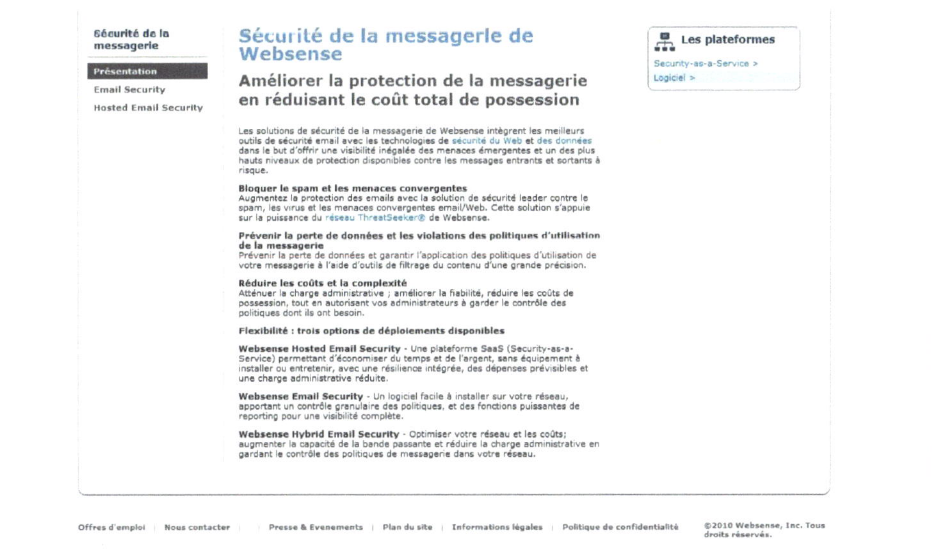

Sécurité de la
messagerie

Présentation
Email Security
Hosted Email Security

Les plateformes
Security-as-a-Service >
Logiciel >

Sécurité de la messagerie de Websense

Améliorer la protection de la messagerie en réduisant le coût total de possession

Les solutions de sécurité de la messagerie de Websense intègrent les meilleurs outils de sécurité email avec les technologies de sécurité du Web et des données dans le but d'offrir une visibilité inégalée des menaces émergentes et un des plus hauts niveaux de protection disponibles contre les messages entrants et sortants à risque.

Bloquer le spam et les menaces convergentes
Augmentez la protection des emails avec la solution de sécurité leader contre le spam, les virus et les menaces convergentes email/Web. Cette solution s'appuie sur la puissance du réseau ThreatSeeker® de Websense.

Prévenir la perte de données et les violations des politiques d'utilisation de la messagerie
Prévenir la perte de données et garantir l'application des politiques d'utilisation de votre messagerie à l'aide d'outils de filtrage du contenu d'une grande précision.

Réduire les coûts et la complexité
Atténuer la charge administrative ; améliorer la fiabilité, réduire les coûts de possession, tout en autorisant vos administrateurs à garder le contrôle des politiques dont ils ont besoin.

Flexibilité : trois options de déploiements disponibles

Websense Hosted Email Security - Une plateforme SaaS (Security-as-a-Service) permettant d'économiser du temps et de l'argent, sans équipement à installer ou entretenir, avec une résilience intégrée, des dépenses prévisibles et une charge administrative réduite.

Websense Email Security - Un logiciel facile à installer sur votre réseau, apportant un contrôle granulaire des politiques, et des fonctions puissantes de reporting pour une visibilité complète.

Websense Hybrid Email Security - Optimiser votre réseau et les coûts; augmenter la capacité de la bande passante et réduire la charge administrative en gardant le contrôle des politiques de messagerie dans votre réseau.

Offres d'emploi | Nous contacter | | Presse & Evenements | Plan du site | Informations légales | Politique de confidentialité   ©2010 Websense, Inc. Tous droits réservés.

Terminé   Internet   100%

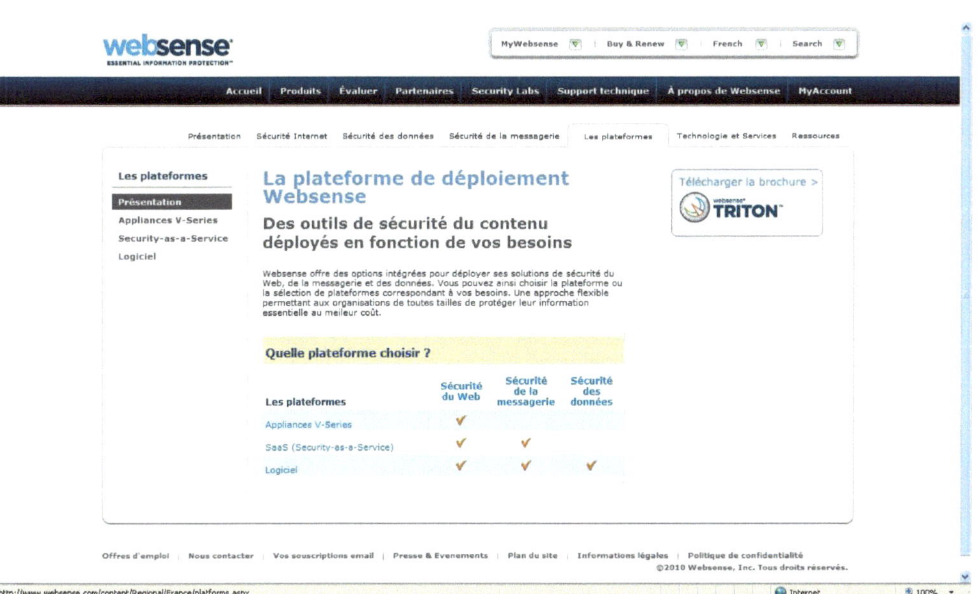

websense®
ESSENTIAL INFORMATION PROTECTION™

MyWebsense | Buy & Renew | French | Search

Accueil   Produits   Évaluer   Partenaires   Security Labs   Support technique   À propos de Websense   MyAccount

Présentation   Sécurité Internet   Sécurité des données   Sécurité de la messagerie   Les plateformes   Technologie et Services   Ressources

Les plateformes

Présentation
Appliances V-Series
Security-as-a-Service
Logiciel

La plateforme de déploiement Websense

Des outils de sécurité du contenu déployés en fonction de vos besoins

Télécharger la brochure >
websense® TRITON™

Websense offre des options intégrées pour déployer ses solutions de sécurité du Web, de la messagerie et des données. Vous pouvez ainsi choisir la plateforme ou la sélection de plateformes correspondant à vos besoins. Une approche flexible permettant aux organisations de toutes tailles de protéger leur information essentielle au meilleur coût.

Quelle plateforme choisir ?

Les plateformes | Sécurité du Web | Sécurité de la messagerie | Sécurité des données
Appliances V-Series | ✓ | |
SaaS (Security-as-a-Service) | ✓ | ✓ |
Logiciel | ✓ | ✓ | ✓

Offres d'emploi | Nous contacter | Vos souscriptions email | Presse & Evenements | Plan du site | Informations légales | Politique de confidentialité
©2010 Websense, Inc. Tous droits réservés.

http://www.websense.com/content/Regional/France/platforms.aspx   Internet   100%

Références

Bonny P. (2009) ; L'informatique « sur » un nuage : article, 4p.

Braut F., Fortuné F. (2010), Comment se protéger contre les nouvelles menaces ? Séminaire Websense, 18p.

Bulinge F., (2002), L'équation de la sécurité, une analyse systémique des vulnérabilités de l'entreprise : vers un outil de gestion des risques, Article 10p.

Caron P. (2009), Architecture et infrastructure web. Document de conférence, mars 2009, 37p.

Catteddu D., Hogben G. (2009), an Small, Middle Enterprise perspective on Cloud computing Survey, ENISA, report, 16p.

Catteddu D., Hogben G. (2009), Cloud computing: Benefits, risks and recommendation for information security. ENISA, report, 125p.

Domage E. (2010), Les tendances sécurité pour 2010. Séminaire Websense, 24p.

Gullà-Ménez G. (2005), Gouvernance des systèmes. Comment améliorer le dialogue utilisateur? 12ème salon des solutions et amélioration des performances : présentation, 37p.

Guy de Swiniarski, Bayon T., Moscowitz A. (2009), Virtualisation, Cloud computing et SaaS, Compte rendu, 18p.

Halbheer R., Doug C. (2010), Sécurité et « Cloud computing ». Extrait, Microsoft, 9p.

Lévy-Abégnoli T. (2006), Cloud Computing : vers la dématérialisation des salles informatiques. Article, 4p.

Martre, H. (1994), Intelligence économique et stratégie des entreprises, La Documentation française.

Maurice A. (2009), Etat de l'art du Cloud computing et adaptation au logiciel libre. Livre blanc, 55p.

Moulard G. (2009), le « Cloud computing » principes, état de l'art, avantages, acteurs. Article, 7p.

Mounet J. (2010), Le livre blanc du Cloud computing. Syntec Informatique, 20p.

Ognibene P. (2009), Le Cloud computing : l'état de l'art et l'approche Valtech. Livre blanc Valtech, 56p.

Olivié – Paul E. (2010), Study tour « Cloud computing ». Extrait, 12p.

Santa I. (2009), Dix bonnes pratiques de l'ENISA en matière de sensibilisation à la sécurité. ENISA, synthèse, 14p.

Borland, 2006 : Management et Gouvernance des systèmes d'information. Livre blanc, 24p.

CIO Magazine, 2008: Cloud computing Survey. Article, 5p;

ENISA (2009), ENISA dissipe le brouillard sur la sécurité du "Cloud computing". ENISA, presse release, 2p.

KPMG SA (2007), Gouvernance des systèmes d'information. Document d'audit, 18p.

Markess International (2009), Référentiel pratiques « Hébergement, virtualisation, Cloud computing », 160p. (***www.markess.fr/etudes.php***)

Microsoft (2009), La protection de la vie privée à l'ère du « Cloud computing ». Extrait, Trustworking computing, 10p.

Microsoft (2009), La sécurité du « Cloud computing ». Extrait, 9p.

Microsoft France (2009), Cloud Computing et le système d'information : Offre et différentiateur Microsoft. Article, 5p.

SOGETI (2009), Etat de l'art. Cloud computing. Livre blanc, Sogeti Entreprise services consulting, 24p.

Sam Somashekar (2010), Le Cloud computing : quelles opportunités pour votre organisation ? Livre Blanc, Stratégie Produits, 16 p.

Vivansa (2009), Cloud computing. Enjeux, Perspectives et Impactes métiers. Rapport de veille Technologique, 81p.

Règlement (UE) 2016/679 du Parlement Européen et du Conseil du 27 avril 2016 relatif à la protection des personnes physiques à l'égard du traitement des données à caractère personnel et à la libre circulation de ces données, et abrogeant la directive 95/46/CE (règlement général sur la protection des données).

Sites web
Wikipédia: http://fr.wikipedia.org/
Cnil : http://www.cnil.fr/la-cnil/
Enisa: http://www.enisa.Europa.eu/
http://www.Microsoft.Com/azure/windowsazure.mspx
http://wiki.Cloud community.org/wiki/
http://fr.wikipedia.org/wiki/grille_informatique
http://www.numerama.com/magazine/1069-.html
http://www.fcw.com/Articles/2009/06/22/tech-Cloud -security.aspx
http://gmailblog.blogspot.com/2009/02/update-on-todays-gmail-outage.html
http://www.saasblogs.com/2008/04/15/what-paas-should-learn-from-the-august-2003-blackouts/
https://droit-finances.commentcamarche.com/faq/66845-rgpd-ce-qui-a-change